LE
PÈRE-LACHAISE
HISTORIQUE
MONUMENTAL
ET
BIOGRAPHIQUE

LE

PÈRE LACHAISE

PARIS, IMPRIMERIE DE POUSSIELGUE, MASSON ET Cie,

Rue Croix-des-Petits-Champs, 29.

LE
PÈRE LACHAISE

HISTORIQUE, MONUMENTAL ET BIOGRAPHIQUE

PAR

M. A. HENRY.

PARIS

CHEZ L'AUTEUR, RUE CROIX-DES-PETITS-CHAMPS, 29.

LE PÈRE LACHAISE.

LÉGENDE.

LE PÈRE LACHAISE.

Le Cimetière de *l'Est*, ou du *Père Lachaise*, est situé au bout de la rue de la *Roquette*, en dehors de Paris. L'emplacement qu'il occupe s'appelait anciennement le *Mont-Louis* : c'était un coteau délicieux tout émaillé de maisons de campagne et de jardins. Un marchand très riche du nom de *Régnaut* y avait fait bâtir, vers 1347, une magnifique habitation qu'on appela la *Folie-Régnaut*. Cette maison fut achetée plus tard par les Jésuites, et devint leur principal établissement. Le Père Lachaise, confesseur de Louis XIV, y résida en qualité de supérieur pendant les dernières années de sa vie, et l'agrandit considérablement de ses propres deniers.

En 1804, ce lieu, dont les Jésuites avaient été expulsés en 1763, fut désigné par Napoléon pour servir de Cimetière, et on commença par y transporter les monuments de *Molière*, *La Fontaine*,

Beaumarchais et plusieurs autres qui se trouvaient épars dans les divers Cimetières de l'intérieur de Paris, dont la destruction fut ordonnée à la même époque.

Le Cimetière du Père Lachaise comprend *six grandes divisions*, composées chacune d'un certain nombre d'*Ilots* séparés par des sentiers. Les Monuments sont numérotés dans le même ordre en commençant par les Ilots inférieurs de chaque Division. La *légende* au bas de notre dessin donne la série des numéros, et indique au visiteur les monuments remarquables de l'Ilot où il se trouve, de sorte que, s'il ne suit pas notre itinéraire, il lui suffit pour se renseigner de jeter un coup d'œil sur le répertoire alphabétique à la fin de l'ouvrage.

La **PREMIÈRE DIVISION**, située entre la porte principale et la chapelle, est limitée à droite par *l'avenue de Mont-Louis* et à gauche par le *mur de clôture*. Elle contient les monuments de Mˡˡᵉ LENORMAND, du *peintre* DAVID, des *maréchaux* GROUCHY et DODE DE LA BRUNERIE, de ROEDERER, de *l'acteur* POTIER, etc., et les *fosses communes*. Elle commence au n° 1 et finit au n° 42.

La **DEUXIÈME DIVISION**, située à droite de la première, a pour limites l'*Orangerie*, le *rond-point* et l'*allée de Casimir Périer*. Elle comprend les nᵒˢ 45 à 126, et contient les monuments de Mˡˡᵉ MARS, *Joseph* CHÉNIER, CUVIER, *Frédéric* SOULIÉ, TALMA, GÉRICAULT, BERNARDIN DE SAINT-PIERRE, CHÉRUBINI, CHOPIN, DELILLE, BELLINI, BOIELDIEU, etc.

— 3 —

La **TROISIÈME DIVISION**, située à droite de la précédente, est limitée à gauche par l'*avenue de l'Orangerie*, le *rond-point*, l'*avenue du Midi*, et, à droite, par le *mur du cimetière*. Elle comprend les nᵒˢ 127 à 190, et renferme le *Cimetière des Juifs*, les tombeaux d'HÉLOISE et d'ABEILARD, de *Marie* JOBBE, femme du *petit Manteau bleu*, des *maréchaux* MAISON, LAURISTON et VICTOR, de VISCONTI, du *duc* DE PLAISANCE, des *victimes de juin*, de LABÉDOYÈRE, d'*Elisa* MERCŒUR, du *duc* DE BASSANO, de LAVALETTE, BRUIX, SAVARY, TALLIEN, etc.

La **QUATRIÈME DIVISION**, située entre la *chapelle* et *l'avenue de l'Est*, a pour limites l'*avenue de Mont-Louis*, à droite, et le *mur de clôture*, à gauche. Elle comprend les nᵒˢ 193 à 228, et contient les tombeaux du *marquis* D'ARGENTEUIL, de CARTELIER, DESÈZE, BALZAC, *Casimir* DELAVIGNE, *Charles* NODIER, BORY DE SAINT-VINCENT, DIAS-SANTOZ, BEAUJOUR, etc.

La **CINQUIÈME DIVISION**, située à droite de la quatrième, a pour limites l'*allée de Casimir Périer*, le *rond-point*, l'*avenue du Midi* et celle de l'*Est*. C'est la plus considérable. Elle comprend les nᵒˢ 230 à 403, et renferme les tombeaux de Mˡˡᵉ RAUCOURT, du *peintre* ISABEY, de la *comtesse* DEMIDOFF, des *maréchaux* NEY, KELLERMANN, GOUVION SAINT-CYR, MASSÉNA, LEFÈVRE et SUCHET, de l'*amiral* DECRÈS, du *général* GOBERT, de Mᵐᵉ DE GENLIS, du *général* FOY, de la *princesse* DE SALM-DICK, du *cardinal* DE LATIER-BAYANE, de CAMBACÉRÈS, de

Mme COTTIN, du *docteur* GALL, de Mlle CLAIRON, du *duc* DE GAETE, de GARNIER-PAGÈS, *Benjamin* CONSTANT, MONGE, CAULAINCOURT, SIEYÈS, DUPUYTREN, JUNOT, BARRAS, LARREY, MANUEL, BEAUMARCHAIS, MOLIÈRE, LAFONTAINE, etc.

La **SIXIÈME DIVISION** comprend toute la partie supérieure du Cimetière. Elle commence au n° 406, à gauche au dessus de *l'avenue de l'Est,* et finit au n° 439. Elle renferme les monuments de l'amiral LALANDE, du *statuaire* BOSIO, d'AGUADO, de *l'abbé* DE PRADT, de *l'amiral anglais* SIDNEY-SMITH, de VOLNEY, d'URQUIJO, de *l'amiral* TRUGUET, etc.

ITINÉRAIRE.

L'entrée principale du Père Lachaise se trouve vis-à-vis de la barrière d'Aunay, et présente d'abord une belle allée de cyprès. A soixante pas environ de l'entrée nous voyons à droite la sépulture du baron *Francis* D'ALLARDE, auteur d'agréables chansons et de jolis vaudevilles, tels que *Boileau à Auteuil* (n° 12).

Nous laissons ensuite, du même côté, un sentier qui conduit au *bureau du conservateur* (*), et, quelques pas plus loin, nous rencontrons la sépulture *Loisel*, derrière laquelle se trouve celle de Mlle LE-NORMAND (16). A l'intérieur de ce monument, on voit un buste en marbre.

Mlle LENORMAND se plaça au premier rang des sybilles modernes par une grande adresse dans l'exercice de sa ridicule profession, et s'assura un présent très confortable en prédisant l'avenir aux gens qui allaient la consulter. *Stultorum numerus est infinitus!* Si la célèbre pythonisse s'était bornée, sous l'empire, à consulter ses cartes et son marc de café, la police n'aurait probablement pas troublé ses occupations; mais elle voulut se mêler de prédictions politiques, et comme

(*) On trouve dans ce bureau tous les renseignements nécessaires sur les sépultures dont on ne connait pas la situation.

les prophètes n'étaient tolérés dans ce temps-là qu'à la condition de dire comme le gouvernement, elle expia cette fantaisie par une assez longue détention.

Au bout de l'allée de cyprès, nous apercevons devant nous la sépulture du *baron d'Eichtal*, qui se trouve de côté sur l'avenue de l'Orangerie, et ne présente aucune inscription. Nous passons près de ce monument en montant vers la chapelle du cimetière, et nous laissons d'abord à droite le tombeau de M. ODIOT, célèbre orfèvre et constructeur de la cité qui porte son nom à Paris (30).

Quarante pas plus loin nous trouvons, derrière la chapelle *Jeanniot*, le petit monument en marbre blanc de Mme BARILLI, célèbre cantatrice de l'Opéra Italien (33). Cette inimitable *prima dona* mourut à trente-trois ans, en 1813, et fut conduite ici par un immense cortége. On a gravé sur sa tombe ces deux vers de Pétrarque, sur la fin prématurée de Laure :

O mort ! tu as imposé silence
Aux plus doux accents qu'on entendit jamais !

D'ici nous apercevons une colonne en marbre noir surmontée d'un buste de femme (35) : c'est le tombeau de Mme DORA DE STEINBERG, veuve de l'intrépide BESSON-BEY, qui tenta de sauver Napoléon en 1815 ; fut proscrit par les Bourbons ; passa au service de Méhémet-Ali, et devint grand-amiral de la flotte égyptienne.

Nous passons devant le monument de Besson-Bey,

pour gagner à droite l'avenue de Mont-Louis, sur laquelle se trouve située la *maison des gardiens* (anciennement l'*Orangerie* des Jésuites). En montant cette avenue, nous laissons d'abord, à droite, le monument en marbre blanc de la famille *Delondre* (68).

Quelques pas plus loin nous voyons, à gauche, une modeste tombe ornée de quatre cyprès. Là repose une jeune artiste : *Eulalie de Malherbe*, peintre d'histoire, qui mourut à dix-huit ans, au moment où la renommée couronnait ses premiers travaux. On a gravé les vers suivants sur sa tombe :

> Sur notre terre, hélas! tu n'as fait que paraître ;
> D'un génie en sa fleur la mort a triomphé ;
> Quand pour orner ton front le laurier voulait naître,
> Les noirs cyprès l'ont étouffé.

Un peu plus haut nous trouvons, du même côté, après quelques marches, le tombeau d'*Antoine* BEAUVISAGE, grand citoyen et ami des ouvriers, qui fut tué par la chute d'une diligence en 1836 (40).

Vis-à-vis du tombeau de Beauvisage, et à quelques pas de l'avenue, on voit le monument en marbre noir de l'*amiral comte* DE VAUGIRAUD, grand-croix de Saint-Louis et gouverneur de la Martinique sous la Restauration (69).

En continuant, nous trouvons à gauche, derrière une sépulture de famille, le monument de l'*acteur* POTIER (42). Ce monument se compose d'une colonne en marbre noir surmontée d'un buste en bronze.

POTIER fut du petit nombre des acteurs auxquels la nature a accordé la faculté de s'identifier complétement avec les personnages qu'ils représentent. On attend encore son successeur au théâtre des Variétés.

Arrivés sur la plateforme où se trouve la chapelle du cimetière, nous marchons jusqu'à l'allée qui coupe celle que nous suivons, et à l'angle de cette allée nous trouvons à droite le monument de MARCHANGY, littérateur et avocat général à la Cour de cassation (82).

MARCHANGY essaya d'abord de devenir poète; il n'y arriva pas; mais il faut tenir compte aux morts de l'intention. Il reste, ou plutôt il ne reste pas de lui le poème du *Bonheur*, qui ne justifia jamais son titre, et quelques autres productions filandreuses dont le nom même s'est perdu. La *Gaule poétique*, qu'il publia en dernier lieu, offre de l'intérêt quoique d'une pompe romantique assez fatigante. Comme magistrat, M. Marchangy s'acquitta de ses fonctions avec une rigueur qui a marqué son nom d'une empreinte ineffaçable: on lui doit l'invention de la complicité morale. Les bonapartistes et la presse n'eurent pas d'ennemi plus redoutable.

A quelques pas d'ici, en descendant vers le rond-point, nous rencontrons le monument fort peu remarquable du *peintre* GÉRICAULT, auteur du *Naufrage de la Méduse* (83).

Un peu plus bas, et derrière le tombeau de M. *Baillardel*, ancien directeur général des colonies, nous trouvons le monument de LAFONT. célèbre violoniste et compositeur.

En face d'ici se trouve le monument de BUACHE, célèbre géographe, ancien professeur et premier géographe de Louis XVI, auteur d'ouvrages précieux sur l'art de la navigation et la géographie.

Tout près d'ici, nous prenons à droite un petit sentier indiqué par une borne. En face de nous une petite colonne en marbre noir indique aux passants qui y prennent garde que là repose un des grands dignitaires de l'époque impériale, FRANÇOIS DE NEUFCHATEAU, ancien ministre de l'intérieur, académicien, etc.

Poète précoce des dernières années du règne de Louis XVI et dernier président de l'Assemblée qui précéda la Convention, FRANÇOIS DE NEUFCHATEAU se montra successivement grand admirateur de la liberté sous la république et du despotisme sous l'empire. Il a laissé beaucoup d'imitateurs.

Thérèse BOURGOING, dont nous rencontrons ensuite le monument, en descendant à droite le sentier de Talma, fut une actrice pleine de talent, de grâce et d'abandon. Élève de Mlle Dumesnil, elle débuta de la manière la plus brillante à l'âge de quatorze ans, en 1799, et adopta, dit-on, cette devise d'une grande famille : *point géhennante, point géhennée*.

Près du tombeau de Mlle Bourgoing se trouve celui de TALMA (79).

Ce grand artiste, l'un des plus glorieux soutiens de la scène française, créait simplement ce qu'il jouait. C'était lui qu'on allait voir, et non le prétexte que le premier gâcheur venu offrait à son génie. On lui doit surtout l'introduction du véritable costume des personnages représentés.

En suivant l'allée d'arbres qui aboutit au tombeau de Delille, nous voyons à gauche le monument d'*André* VINCENT, peintre d'histoire ; puis celui du savant docteur MONTÈGRE, qui mourut à la Martinique, victime de son zèle pour les sciences et l'humanité : il se jeta à l'eau, quoique très malade, pour sauver une femme qui se noyait, et succomba en la ramenant sur la rive.

Derrière le monument de Montègre se trouve celui de MARTIN, célèbre chanteur de l'Opéra-Comique et compositeur distingué.

Le monument orné d'un médaillon, que nous rencontrons ensuite, est celui de BELLANGER, architecte de la *Halle aux blés* et des jardins de *Bagatelle*.

A côté du tombeau de Bellanger se trouve celui d'*Alexandre* BRONGNIART, célèbre naturaliste, collaborateur de Cuvier, ancien directeur de la manufacture de Sèvres, etc. Ce monument, en marbre noir, est orné de sculptures et surmonté d'un vase en marbre blanc.

Le monument d'*Alexandre* BRONGNIART, père du précédent, architecte de la *Bourse* et du *Père Lachaise*, vient ensuite, et termine cette première rangée de noms célèbres à différents titres.

Nous voici devant le massif tombeau de *Jacques* DELILLE (102).

Ce chantre de la nature se montra à la fois poète harmonieux, écrivain moral et cœur sensible. Quoique royaliste, il fut respecté sous la terreur. Ses traductions de Virgile et de Newton ont reproduit dans la langue française toutes les beautés des originaux. Il devint aveugle comme Milton, et mourut en versifiant le 1er mai 1813. Son corps embaumé resta plusieurs jours exposé au collége de France, et un concours immense l'accompagna ici.

Près de Delille reposent le *chevalier* DE BOUF-FLERS, le *comte* DE SABRAN, LA HARPE, SAINT-LAMBERT et DUREAU DE LA MALLE.

Le chevalier *Stanislas* DE BOUFFLERS, fils de la *marquise de Boufflers*, maîtresse du roi Stanislas, se rendit célèbre par sa vie épicurienne et ses poésies très légères. On le destinait à l'Eglise ; mais il déclara franchement au bon roi Stanislas que le plaisir était la seule affaire dont il voulût s'occuper, et ne conserva de l'abbaye qu'on lui avait donnée que les 40,000 livres de revenu qui y étaient attachées. C'était un de ces brillants seigneurs de l'ancien régime qui semaient leur esprit au vent et jetaient tant d'éclat sur la société française. Voltaire l'aimait beaucoup, et applaudissait à ses ingénieux badinages. Il partit un jour pour l'armée avec son bagage de bons mots ; mais il se lassa bientôt de la vie des camps, et s'en alla comme il était venu, en recommandant à son régiment de se couvrir de gloire. Tout en courant le monde il devint colonel, général, gouverneur de pays qu'il visita à peine ; mais ce qu'il y a de plus curieux, c'est qu'avec son mince bagage de calembours et de chansons il arriva d'emblée à l'académie française. Quand un savant prononçait un discours, Boufflers faisait circuler la charge du bonhomme, et ses graves collègues avaient beaucoup de peine à garder leur sérieux. La révolution arriva, et Boufflers courut encore, mais cette fois sur le chemin de l'exil. C'était un de ces hommes qui ne vieillissent pas, parcequ'ils n'ont que les qualités du premier âge. Quand il vit approcher sa fin, il composa pour lui cette épitaphe :

> Ci-gît un chevalier qui sans cesse courut,
> Qui sur les grands chemins naquit, vécut, mourut,
> Pour prouver ce qu'a dit le sage,
> Que notre vie est un voyage.

On lit sur son monument : *Mes amis, croyez que je dors.*

Le comte *Eléazar* DE SABRAN, qui «vécut triste et solitaire, ne compta jamais sur un souvenir et rêva toujours le bonheur sans pouvoir le rencontrer, » ce qui ne l'empêcha pas d'arriver jusqu'à l'âge de soixante-douze ans, — descendait en droite ligne de *S. Éléazar de Sabran*, parent de S. Louis, dont l'Église célèbre la fête le 27 septembre. Il commit quelques poésies si fugitives qu'on ne sait pas ce qu'elles sont devenues, et entra à l'académie escorté du *Repentir*, poème médiocre, mais peu amusant.

LA HARPE, disciple de Voltaire, qu'il appelait *papa,* fut l'ami et le premier maître de l'empereur Alexandre. Philosophe avant la révolution, il se montra républicain ardent au commencement de la terreur, comme on en peut juger par ce fragment d'une pièce de vers qu'il récita aux Jacobins, le bonnet rouge sur la tête :

> Soldats, avancez et serrez,
> Que la baïonnette homicide
> Au devant de vos rangs, étincelante, avide,
> Heurte les bataillons par le fer déchirés !
> Le fer, amis! le fer! il presse le carnage,
> C'est l'ami du Français. c'est l'arme du courage,
> L'arme de la victoire et l'arbitre du sort.
> Le fer! il boit le sang ; le sang donne la rage.
> Et la rage donne la mort !

Il n'en fut pas moins jeté en prison peu de temps après, ce qui calma considérablement son ardeur. Il en sortit au bout de cinq mois dévot outré, et Voltaire, son dieu d'autrefois, ne fut plus à ses yeux qu'*un bateleur qui souffle le fe* . Il mourut d'un refroidissement gagné dans une église. Son cours de littérature le place au premier rang des écrivains de son époque.

SAINT-LAMBERT, ami de Boufflers et de Voltaire, se fit un nom dans la littérature par le poème des *Saisons*, les *Contes d'Orient* et plusieurs ouvrages de philosophie. Il eut aussi le talent de découvrir le mérite littéraire de son prédécesseur à l'académie.

DUREAU DE LA MALLE traduisit le commencement des œuvres du Dante de manière à ne pas faire désirer de voir la fin. Ses Recherches sur l'ancienne Rome sont très estimées du monde savant.

De l'autre côté de l'allée, en retournant vers Talma, nous trouvons d'abord le monument en marbre blanc de *François* LE SUEUR, célèbre compositeur d'opéras et de musique sacrée.

Cet éminent artiste descendait d'*Eustache Le Sueur*, le peintre immortel de la vie de S. Bruno. Fervent propagateur du beau, il comprit le premier, et fit admirer Beethoven, Weber et Rossini. On lui doit un système grandiose et tout pittoresque de musique sacrée. La ville d'Abbeville, où il est né, a élevé une statue à sa mémoire.

Nous apercevons ensuite à quelques pas, sur le côté, l'humble monument de BARBIER DU BOCAGE, géographe, littérateur et antiquaire célèbre.

Encore quelques pas, et nous sommes devant le monument en marbre de J.-B. TARGET, profond jurisconsulte et orateur éminent.

Avocat au Parlement avant la révolution, TARGET devint, en 1789, député aux Etats-Généraux. Il refusa ensuite le glorieux mais périlleux honneur de défendre Louis XVI, et imprima par cette lâcheté une tache ineffaçable sur son nom. Il mourut juge à la Cour de cassation en 1806.

Avant de quitter cette allée jetons un coup d'œil sur la modeste tombe qui renferme les restes de THIÉRY, premier valet de chambre de Louis XVI, et de Mme Lemoine, femme de chambre de Marie-Antoinette. Cette tombe se trouve derrière un banc de pierre, tout au coin à gauche.

THIÉRY, pendant la révolution, fut souvent l'intermédiaire des chefs girondins avec Louis XVI. Lors de l'envahissement des Tuileries, le 20 juin, il se montra plein de dévouement et de sang-froid, ainsi que sa compagne dans la mort, Mme Lemoine. Tous deux suivirent la famille royale à la tour du Temple, mais en furent bientôt séparés par ordre de la Convention.

Non loin de Talma et du même côté, nous voyons ensuite un sarcophage en pierre et en marbre : SINGIER, dont le nom est écrit en gros caractères sur ce monument, fut acteur au Théâtre-Français, et son jeu, sous quelques rapports, rappelait celui de l'inimitable Talma.

Un peu plus bas on voit à gauche le monument de M. BOTTÉE DE TOULMONT, compositeur de musique sacrée et auteur d'une histoire fort curieuse de la musique au moyen-âge.

Nous laissons ensuite, du même côté, une pyramide en granit noir, consacrée à la mémoire du *peintre* PRÉVOT, inventeur des panoramas.

Nous voici au bas du sentier de Talma. Avant de prendre à gauche celui de Chérubini, jetons un coup d'œil devant nous sur l'humble croix de bois qui se cache derrière les trois cyprès de la tombe *Robillard.* Cette croix, qu'un monument plus digne doit prochainement remplacer, indique l'emplacement où repose un des plus féconds romanciers du dix-neuvième siècle , *Frédéric* SOULIÉ, auteur des *Mémoires du diable,* de la *Confession générale* et autres productions diaboliques, où l'on trouve souvent de l'intérêt et des tableaux d'une grande vérité.

Une des premières sépultures que nous rencontrons sur notre gauche, en pénétrant dans le sentier de Chérubini, est celle du comte DE CONTADES, descendant du célèbre maréchal de ce nom. Le comte DE CONTADES mourut des suites de treize blessures reçues sur le champ de bataille d'Essling.

Quelques pas plus loin nous trouvons une colonne surmontée d'un buste de bronze, élevée à la mémoire de NICOLAS *Leblanc*, savant professeur au Conservatoire des arts et métiers.

Nous voyons ensuite, à droite, en face de la chapelle *Réveillac*, le monument d'*Antoine* RAVRIO, fabricant de bronzes et poète anacréontique (71). Un buste en bronze, qui rappelle admirablement les traits et le caractère de ce bon vivant, occupe une niche creusée dans la partie supérieure du monument.

RAVRIO chercha toute sa vie un remède aux maux terribles que cause aux ouvriers l'emploi du mercure, et c'est surtout ce qui honore sa mémoire. Il fonda en mourant un nouveau prix de 3,000 fr. pour celui qui trouverait ce remède.

Nous remarquons ensuite à quelques pas d'ici, sur la gauche, le grand et disgracieux monument de REGNAULT DE SAINT-JEAN D'ANGÉLY (89).

Michel REGNAULT, natif de Saint-Jean-d'Angély, fut d'abord rédacteur du journal de la cour de Versailles, sous Louis XVI. Ayant été élu député aux États-Généraux, il s'efforça d'arrêter la théorie aux limites du vrai et le patriotisme aux limites du juste. Proscrit en 1793, pour avoir soustrait quelques victimes à l'échafaud, il fut sauvé par la chute de Robespierre. Napoléon se l'attacha, et n'eut jamais lieu de s'en repentir : le dévouement de Regnault pour le grand homme devint du fanatisme. Il ajouta, sous l'empire, le nom de son village à celui de son père, devint procureur-général, ministre, etc. Le sénat, ce lâche instrument de la tyrannie la plus lourde qui ait jamais pesé sur le cœur de la France, vota la déchéance de Napoléon malgré les efforts suprêmes et l'éloquence de Regnault d'Angély : la défection se colorait alors du nom de patriotisme. Exilé en 1815, Regnault se réfugia en Amérique. Revenu en Europe pour rétablir sa santé, en 1819, il fut chassé d'Aix par la Prusse, et poursuivi mourant d'asile en asile. Son rappel lui permit enfin de revoir le sol de la patrie, et il expira quelques heures après son arrivée à Paris. Une inscription, gravée sur le marbre, au sommet du monument, rappelle les étapes de cet homme d'Etat à travers les révolutions et les gouvernements. Les vers suivants, à moitié effacés, ne se liront bientôt plus sur la base :

> Français, de son dernier soupir
> Il a salué sa patrie ;
> Un même jour a vu finir
> Ses maux, son exil et sa vie.

Le splendide monument en marbre de CHÉRUBINI vient après celui de Regnault ; il est orné d'un bas-relief représentant le célèbre maestro couronné par le génie des arts (1).

Au pied du monument de Chérubini on voit une humble pierre sans nom ni épitaphe. Elle recouvre les restes de *Maria* MILANOLO, violoniste déjà célèbre, que la mort enleva à la fleur de l'âge aux ovations et à la gloire.

Quelques pas plus loin nous trouvons, du même côté, le modeste monument de F. HABENECK, célèbre professeur au Conservatoire de musique et fondateur de la Société des concerts.

Près de Habeneck repose *Joseph* LAKANAL, ancien conventionnel et fondateur du Museum d'histoire naturelle.

Tandis que les chefs de la Convention luttaient entre eux comme les ombres d'Ossian dans un ciel plein de nuages et de tonnerre, LAKANAL ne s'occupait qu'à sauver les hommes dont les travaux pouvaient honorer l'esprit humain. Il s'était dit que sans les arts et les sciences la liberté ne ferait que passer sur la terre, et il entreprit de soumettre la démocratie à la raison. Lorsque le despotisme succéda à la liberté, Lakanal se retira à l'écart avec ses livres, et refusa de faire partie d'un corps législatif, qui n'était plus qu'une dérision. Il vit tomber la république avec douleur, et s'enveloppa dans sa conviction comme dans un manteau. C'était un homme au cœur stoïque ; les ruines pouvaient l'abattre, mais non intimider sa grande âme.

Le monument de l'illustre DENON se trouve sur le même point, à peu près en face de celui de Lakanal (72). Il est surmonté d'une statue en bronze, de grandeur naturelle.

Vivant DENON, ancien gentilhomme de Louis XV, traversa la révolution sans s'y tacher d'une goutte de sang, d'une dépouille ou d'une larme. Il suivit Bonaparte en Egypte, et y mania avec un égal succès le crayon, la plume et l'épée. Sous l'empire, il donna le plan et dirigea les travaux de la belle colonne Vendôme. — Auteur des *Voyages en Egypte, pendant les campagnes du général Bonaparte :* connu aussi par la philosophie douce et charitable qu'il pratiqua toute sa vie.

Quelques pas plus loin nous rencontrons, à gauche, le tombeau de CHOPIN, en pierre jaune de Château-Landon. Ce monument est surmonté d'une statue symbolique en marbre blanc, œuvre de *Clésinger*. Un médaillon encadré dans le monument reproduit les traits de Frédéric Chopin qui succomba à la fleur de l'âge (97).

Les gracieuses mélodies de Chopin, où l'on croit entendre le murmure mystérieux des éléments, remuent le cœur et ravissent l'oreille.

Derrière la tombe de Chopin se trouve celle de Wilhem, auteur d'une nouvelle et ingénieuse méthode d'enseignement musical ; cœur plein de poésie, et de sensibilité, ami de Béranger, qui lui adressait, en 1821, les vers suivants :

> Des classes qu'à peine on éclaire
> Relevant les mœurs et les goûts,
> Par toi devenu populaire,
> L'art va leur faire un ciel plus doux.
> Sur ta tombe, tu peux m'en croire,
> Ceux dont tu charmes les douleurs
> Offriront un jour à ta gloire
> Des chants, des larmes et des pleurs.

Le sarcophage de Wilhem est orné d'un large médaillon de bronze, et s'aperçoit du sentier.

Nous laissons ensuite, à droite, le monument de *Pierre Gareau* (74) ; puis nous rencontrons du même côté une colonne brisée dont la base est entourée de lierre : c'est le tombeau de FABRE D'OLIVET, auteur des *Lettres à Sophie*, du *Troubadour*, etc., et d'un grand nombre de pièces de théâtre qui prouvent l'imagination et l'originalité de leur auteur (75).

Au bout du sentier de Chérubini nous descendons en tournant à droite vers celui de Cuvier. Nous laissons à gauche le sentier de Lallemant, puis à droite la sépulture *Fradelizi*, et à quelques pas de celle-ci nous apercevons du sentier, sur la gauche, le tombeau en marbre de la comtesse DE GIRARDIN. Ce petit monument est orné d'un buste (57).

Mme DE GIRARDIN fut une de ces femmes rares qui réunissent en elles les séductions de la nature au prestige du génie. Elle mourut, en 1848, dans la splendeur de sa vie, de sa beauté et de son esprit.

Nous nous arrêtons ensuite à l'endroit où s'élèvent sur la gauche deux grandes stèles de granit noir séparées par une colonne. Ce double monument est consacré à la mémoire de M. SALADIN DE CANS, ancien conseiller d'état de la république de Genève, et d'*Elisabeth Egerton*, son épouse. On passe du côté où sont gravées les inscriptions pour arriver au modeste monument de GEORGES CUVIER, qui se trouve à quelques pas derrière la colonne *Walther*. Le célèbre législateur de l'Histoire naturelle repose à côté de son frère *Frédéric*, et a devant lui ses trois enfants et sa femme (53).

CUVIER fut un de ces grands génies qui apparaissent de loin en loin comme des flambeaux destinés à éclairer les siècles. A sa voix, les habitants des anciens mondes sortirent de l'abîme où la main des événements les avait précipités ; il les reconstitua, et leur donna un nom, comme s'il eût assisté à la droite du Très-Haut durant cette longue nuit des âges où les créations surgirent du néant. En écoutant cette révélation magnifique, le monde crut assister à une répétition de l'œuvre des six jours.

Comme homme politique, Cuvier eut peut-être sur les lèvres trop de sourires pour trop de fortunes : il fut ministre de l'instruction publique sous Napoléon, et se prononça, sous la Restauration, en faveur des cours prevotales établies surtout pour frapper les bonapartistes. Le torrent d'une réaction furieuse l'entraîna comme tant d'autres.

En 1832, le choléra vint traîner son linceul empoisonné sur Paris, et l'une de ses premières victimes fut Georges Cuvier. Sa mémoire et ses œuvres vivront autant que le monde, dont il a éclairé le berceau.

Revenus sur le sentier, nous nous dirigeons à travers les tombes vers la chapelle *Donchin*, qui se trouve de l'autre côté, en face de la guérite des gardiens. Derrière la sépulture Donchin on voit la tombe de la *maréchale* DE MAILLY, amie de Marie-Antoinette et veuve du maréchal de Mailly, ancien gouverneur du Roussillon.

Le maréchal de Mailly, à l'âge de quatre-vingts ans, défendit Louis XVI aux Tuileries, le 10 août 1792. Deux ans après il fut décapité à Arras. Son épouse, issue de l'ancienne famille souvera'ne de Narbonne, se montra à hauteur de l'échafaud de son mari, et ne sortit du cachot où elle l'avait suivi par dévouement qu'après la chute de Robespierre. C'était une grande dame dans toute l'acception aristocratique du mot; mais son courage et sa générosité faisaient oublier sa fierté native.

D'ici nous nous dirigeons vers le monument à colonnes de M. *Duclos*, qui se voit sur la gauche (62). Nous passons derrière ce monument, et cinq ou six pas plus loin nous trouvons sur la droite une modeste pierre portant le nom de *très haut et très puissant seigneur Casimir de Franquetot*, MARQUIS DE COIGNY. Ce seigneur, dont les titres contrastent avec la simplicité du gîte, descendait du valeureux maréchal de Coigny qui gagna sous Louis XIV la bataille de Parme. Il fut général sous Louis XVI et l'un des chefs de l'émigration. Son frère le COMTE DE COIGNY, comme lui lieutenant-général, repose à ses côtés.

Quinze pas plus bas environ, dans la direction de la maison des gardiens, nous trouvons la tombe du COMTE DE MUN, ancien officier des gardes-du-corps de Louis XVI, l'une des plus nobles et des plus pures figures que l'ancien régime pût présenter au nouveau (61).

Aux pieds du comte de Mun repose le comte DES-TUTT DE TRACY, célèbre idéologue, académicien et pair de France. Son monument se compose d'une simple pierre couchée sur le gazon (n° 60).

Le comte DESTUTT DE TRACY fit partie de presque toutes les assemblées législatives depuis 1789, et se montra toujours partisan des idées libérales. Cœur honnête, âme sans préjugés, il fut d'abord à la révolution, plus tard à la royauté, mais toujours à l'honneur, étoile constante de sa vie.

Revenus sur le sentier de Cuvier, nous le remontons d'abord à gauche, et, après avoir passé un massif monument orné de l'image du Père éternel, nous voyons le tombeau de M. *Pierre* ALLENT, conseiller d'état, qui, d'après son épitaphe,

> A la tribune, aux camps, dictant à tous des lois,
> Défendait le peuple, et conseillait les rois.

du reste bon père et bon époux. Il est permis de supposer que M. Pierre Allent, qui donnait des conseils au rois, oublia d'en donner à ceux qui après lui firent son épitaphe ou qu'ils n'en profitèrent pas beaucoup. M. Allent est auteur d'ouvrages militaires qui sont peu connus et d'une histoire de France qui ne l'est pas du tout. Il commença par servir honorablement sous la République, parvint au grade de chef de bataillon, et plus tard, comme général de la garde nationale, contribua à la défense de la capitale.

Nous prenons ensuite le sentier de Chambure, qui se trouve à droite, près d'ici, dans la direction de la petite porte Saint-André. A l'entrée de ce sentier nous apercevons, un peu sur la droite, un monument surmonté d'un buste et portant le nom de *Plaisir*. Ce personnage, dont on a omis d'indiquer les titres, fut tout simplement perruquier.

Plus bas, du même côté, nous rencontrons le monument du marquis *de Cramayel*, derrière lequel se trouve, à vingt pas environ du sentier, le tombeau de l'héroïque CHAMBURE (45).

Le colonel CHAMBURE fut le chef de cette poignée de braves qui sous le nom de *Compagnie infernale*, se distingua pendant le siége de Dantzick par les plus téméraires actions. Réveillé une nuit par une bombe qui éclate au dessus de sa tête, Chambure rassemble sa compagnie, marche sur la batterie dressée contre la ville et l'encloue après avoir tué tous les canonniers qui la servaient, sauf un seul qu'il charge de porter au général ennemi ce billet si connu : « Prince, il ne faut pas réveiller les lions qui dorment ! »

A quelques pas du monument de Cramayel nous voyons du même côté, derrière la sépulture en forme de tonnelle d'une jeune fille du nom de *Marie*, celle du docteur ROYER-COLARD, ancien médecin de Louis XVIII, frère du grand orateur qui fit retentir la tribune française des mâles accents de la liberté.

Au bout du sentier de Chambure nous trouvons l'avenue de l'orangerie. En face de nous est la *Porte Saint-André*, par laquelle entrent les convois des Juifs, dont le cimetière particulier est voisin. Ce petit cimetière ne contient que quelques sépultures remarquables : à l'entrée se trouve celle de la famille ROSTCHILD, ornée d'une porte de bronze. Au fond on remarque le monument en marbre de la famille SINGER et celui de la famille FOULD. Sur presque toutes les tombes les inscriptions sont en français et en hébreu. On observe encore dans ce cimetière l'antique coutume des Egyptiens et des Arabes de déposer de petites pierres sur les tombes. Pour obtenir l'autorisation de le visiter il faut s'adresser à l'employé dont le bureau se trouve ici près.

En montant l'avenue de l'Orangerie nous voyons d'abord sur la gauche une grande pyramide ornée d'un médaillon et portant le nom de DULONG.

Ce savant chimiste faillit se faire sauter et perdit un œil en faisant des expériences. Il descendit dans la tombe au milieu de ses brillants succès et après avoir considérablement augmenté le patrimoine scientifique de l'humanité.

Nous trouvons ensuite du même côté un petit sentier qui presque aussitôt se divise en deux pour envelopper un groupe de monuments. A l'endroit où il se bifurque nous voyons devant nous l'humble stèle de l'illustre BICHAT.

Xavier BICHAT, élève et ami de *Desault*, consacra son génie à l'humanité. Ses admirables *Recherches sur la vie et la mort*, ses belles découvertes en anatomie et ses autres travaux l'ont placé au rang des plus célèbres physiologistes. Il se tua en tombant dans l'escalier de l'Hôtel-Dieu, à l'âge de 32 ans. La reconnaissance nationale lui a élevé un monument dans l'intérieur de cet hôpital ; elle eût bien dû en même temps lui faire ici une sépulture plus convenable.

Près du tombeau de Bichat on voit une assez belle chapelle, sépulcrale de couleur jaunâtre, où repose le docteur **BLANDIN**, qui concourut aussi par ses travaux aux progrès de la science médicale, et expira en guettant pour ainsi dire la mort; car il indiqua, dit-on, par un signe l'instant où son pouls s'arrêta.

Vis-à-vis de la sépulture Blandin se trouve celle du comte **KLEIN**, lieutenant-général et ancien sénateur. Ce guerrier, qui devait tout à Napoléon, ne fut pas des derniers à l'abandonner, et, comme ses collègues du sénat, il colora sa défection du nom de patriotisme. Louis XVIII en fit un pair de France.

En montant et en tournant à droite dans cette direction nous rencontrons à gauche, après la chapelle *Raffart*, le petit monument en marbre de *Joseph* **CHÉNIER**, l'auteur du fameux Chant du départ.

Frère d'*André Chénier* par le sang, *Marie-Joseph* **CHÉNIER** le fut aussi par le génie. Il fut incarcéré en même temps que lui, faillit périr de la même manière, et rien n'ébranla sa conviction. Il savait que l'ingratitude du peuple est la couronne civique de ceux qui se dévouent pour sa cause, et la révolution bien dirigée lui parut toujours un idéal sublime auquel toutes les nations devaient aspirer. Son génie était républicain comme son âme.

Avant de mourir Joseph Chénier fit graver les vers suivants sur la tombe qui devait le recevoir :

> Auprès d'André Chénier avant que de descendre,
> J'élèverai la tombe où manquera sa cendre,
> Mais où vivront du moins et son doux souvenir
> Et sa gloire et ses vers dictés pour l'avenir.

Continuons à monter jusqu'à la Chapelle *Bergon* et *Dupont*, en face de laquelle nous traversons l'îlot de droite en nous dirigeant vers la chapelle *Gran-jean de Lille*. Derrière cette sépulture se trouve le tombeau du général *Rossi*, frère du fameux ministre qui fut tué à Rome.

Nous serions arrivés également ici en achevant de coutourner l'îlot que nous avons traversé.

A trois ou quatre pas du tombeau de Rossi nous trouvons du côté opposé le sarcophage de l'infortuné *Joseph* LESURQUES et de sa veuve.

En continuant à descendre nous ne tardons pas à nous trouver de nouveau devant le tombeau de Bichat, d'où nous regagnons l'avenue de l'Orangerie. Après quelques pas nous rencontrons sur cette avenue, à gauche en montant, le monument du savant BÉCLARD, professeur d'anatomie et chirurgien en chef de la Pitié (50).

BECLARD fut un profond observateur des phénomènes de la vie; il démontra le premier l'identité parfaite de l'électricité humaine avec celle de la foudre.

A quelques pas de la colonne Béclard et à l'angle d'un petit sentier qui communique avec celui de Lesurques, nous voyons la chapelle de Mlle MARS, célèbre actrice du Théâtre-Français.

Mlle MARS (*Hippolyte Boutet*), élève de Mlle Contat, débuta sur le Théâtre-Français en 1793, et ne tarda pas à se faire applaudir à côté de Talma. Tout le monde connaît la brillante carrière qu'elle a parcourue depuis lors. Sa jeune fille, *Hippolyte Bronner*, l'avait précédée au même lieu.

Devant la sépulture de Mlle Mars se trouve le mo-

deste monument de M. PERSUIS, savant compositeur et directeur de l'Académie de musique, auteur
de *Nina* et du *Carnaval de Venise*.

En face d'ici nous suivons entre les tombes un
étroit passage qui nous conduit au monument d'HÉ-
LOISE et d'ABEILARD, situéprès du mur des juifs,
à trente pas environ de l'avenue (128).

ABEILARD, le plus célèbre théologien de son temps, est plus connu
par ses amours avec HÉLOÏSE, nièce du chanoine *Fulbert,* et par
l'infame muti'ation que lui fit subir ce prêtre jaloux. Par suite de cet
attentat, Abeilard se fit moine et Héloïse entra au Paraclet, monastère
bâti par son amant, dont elle devint abbesse. Abeilard mourut au
monastère de Saint-Marcel en 1142. Son corps fut envoyé à Héloïse,
qui le garda au Paraclet, et se fit plus tard enterrer à ses côtés. Ce
monument fut envoyé en 1800 au musée des monuments français
et déposé quatre ans plus tard où nous le voyons.

Le monument du *physicien* ROBERTSON, qui s'é-
lève sur l'avenue, à près de trente pieds du sol, attire
ensuite notre attention (55). Ce monument est orné
de sculptures représentant, d'un côté, les scènes
fantastiques auxquelles cet inimitable prestidigitateur
faisait assister son public et de l'autre l'enlèvement
d'un ballon, spectacle qui n'était pas alors si commun qu'aujourd'hui. Robertson fit le premier connaître le galvanisme en France, inventa la fantasma-
gorie et perfectionna le miroir d'Archimède.

En face du monument de Robertson se trouve celui
de REICHA, professeur au Conservatoire de musique, auteur de mélodies et d'opéras. Ce monument

a été élevé par les amis et les élèves du savant compositeur (130).

Après avoir dépassé le monument de Reicha, nous
prenons à droite le sentier de Peltier, à l'entrée duquel nous laissons le monument en marbre du capitaine *Serré* (138).

Le petit sentier que nous trouvons à droite, quelques pas plus loin, conduit à la chapelle du *docteur*
MARJOLIN, auteur du *Manuel d'Anatomie* (132).

Nous laissons ensuite à gauche le sentier de Maison, puis nous rencontrons à droite le monument en
forme de sarcophage du physicien PELTIER, auteur
de travaux remarquables sur l'électricité (135).

En continuant, nous laissons à gauche le sentier
de Plaisance, puis celui de Régnaut. A l'entrée du
sentier de Laîné, qui fait suite à celui que nous par-
courons, nous trouvons sur la gauche une chapelle
de forme particulière, qui unit la simplicité à l'élégance (158). C'est la sépulture de la famille
LAINÉ.

Peu d'existences ont été aussi remplies que celle de l'homme qui
repose sous ce monument : révolutionnaire modéré en 1789, il joignit
à la fierté de Tacite la grandeur d'âme de Gracchus et l'éloquence de
Vergniaud, son compatriote. Son horreur du despotisme le rendit ennemi de Bonaparte, et sous l'empire il rompit seul le silence de cette
assemblée de muets qui s'appelait le Corps Législatif. Il combattit le
système des confiscations que Napoléon avait introduit dans son code;
peine perdue ! Les muets retrouvèrent la parole pour étouffer la sienne.
Choisi en 1814 par ce corps, que la peur ne dominait plus autant, pour
rédiger une adresse au grand homme qui n'était plus le maître du
monde, Laîné voulut sauver en même temps la patrie et la liberté, et

ne craignit pas d'engager l'empereur à reconnaître les droits de la nation. Le lendemain, le rapport fut saisi, et les députés trouvèrent le lieu de leurs séances occupé par les troupes. Lainé se retira alors dans le midi, qu'il souleva contre Napoléon, et ce fut là un crime, car la patrie était envahie ! Il entra ensuite à Bordeaux, et y exerça le pouvoir souverain au nom de Louis XVIII. Il présida la première assemblée de la restauration, et fut un des auteurs de la Charte de 1814. Devenu ministre de l'intérieur, il proposa l'exclusion de Grégoire, comme *indigne*. Après l'attentat de Louvel, il vota contre la liberté individuelle, qu'il avait toujours défendue : les défaillances de l'esprit étaient venues avec l'âge !

On ne peut rien imaginer de plus pittoresque et de plus gracieux en même temps que la disposition des objets qui se déroulent à la vue à mesure qu'on s'éloigne du tombeau de Lainé : ce ne sont point les sépultures grandioses qui produisent cet effet; car, excepté quelques monuments qui de loin ressemblent à des temples antiques planant sur des ruines, c'est à peine si on découvre çà et là une tombe de quelque importance parmi cette foule de concessions temporaires qui émaillent la colline que nous gravissons. Les cyprès y sont toujours jeunes, et doivent disparaître en même temps que les locataires de l'emplacement qu'ils occupent; car tous les cinq ans on fait table rase dans cette hôtellerie de la mort, et les débris de ceux qui ne peuvent renouveler leur bail sont dispersés par la pioche du fossoyeur et mêlés à la terre qui doit recouvrir de nouveaux tenanciers. La multitude se trouve serrée ici comme elle l'était dans la vie ; mais ce pêle-mêle de croix de bois et de simples pierres n'a rien de disgracieux : ces tombes, qui n'ont pour tout ornement qu'un simple gazon et des fleurs toujours fraîches, rappellent au moins que l'oubli n'a pas encore passé par là.

Au bout du sentier de Laîné nous prenons à gauche de celui de Beugnot, à l'entrée duquel nous apercevons, près d'une énorme pyramide, la chapelle du comte BEUGNOT (159).

Membre de l'Assemblée de 1791, BEUGNOT combattit Marat, et obtint contre lui un décret d'accusation. Défenseur du roi contre les jacobins, il fut proscrit et emprisonné par eux ; la chute de Robespierre le sauva. Après la destruction violente de la république et de la liberté par Bonaparte, il s'attacha au géant du siècle par toutes ses ambitions de célébrité et de pouvoir, lui resta fidèle tant qu'il put en attendre des faveurs, et passa naturellement du côté des Bourbons quand Napoléon fut renversé. Sa nature l'avait prédestiné à se trouver à propos sur le seuil des Tuileries pour congédier l'empire et introduire la royauté. Il s'acquitta de cette double mission avec toute la grâce imaginable, et Louis XVIII ne put s'empêcher de le nommer directeur général de la police, puis ministre de la marine. Sous la seconde restauration il présenta la fameuse loi des dimanches, qui mourut en naissant, et fut compris en 1829 dans la fournée des soixante-seize pairs. La révolution de 1830 lui procura les loisirs de la vie privée.

Courtisan du succès, le comte Beugnot surnagea après tous les naufrages, servit les forts, méprisa les maladroits et abandonna les vaincus. Homme plein d'aménité, du reste, et d'un esprit répandu sur tout.

La pyramide voisine de la chapelle Beugnot appartient, ainsi que celle qui se trouve de l'autre côté du sentier, à l'ancien propriétaire de ces terrains, qui n'a pas voulu cesser tout à fait d'y posséder quelque chose.

Nous entrons ensuite dans le sentier de Buland,

3.

vis-à-vis de la chapelle Beugnot, et nous apercevons, à quelques pas sur la droite, le monument d'*Edmond* GAY, jeune officier de cavalerie qui fut tué en Afrique en 1842. Ce monument représente un jeune chêne brisé, aux branches duquel pendent dans un désordre tout pittoresque les armes et les insignes du jeune officier (16.).

Derrière le monument de Gay on trouve à quelques pas un grand sarcophage couvert d'inscriptions au milieu desquelles on distingue le nom justement célèbre de *Michel* BREZIN. Ce digne citoyen consacra une immense fortune, acquise en fondant des canons sous l'Empire, à des œuvres de bienfaisance et à la création d'un établissement qui sert aujourd'hui de retraite aux pauvres ouvriers de sa profession.

En quittant le sentier de Buland, qui n'a que quelques pas de longueur, nous prenons à gauche celui de Bondy, où nous rencontrons d'abord le sarcophage en marbre blanc du baron **MOUNIER**, pair de France.

Fils du célèbre orateur qui proposa le serment du Jeu de Paume et devint ensuite président de l'assemblée nationale, le baron MOUNIER se montra zélateur d'une liberté modérée sous une royauté constitutionnelle.

Nous laissons ensuite à notre gauche un sentier qui conduit à ceux que nous avons déjà visités, et soixante pas plus loin environ nous trouvons du même côté le tombeau de l'infortuné LABÉDOYÈRE. Ce monument, qui vient d'être reconstruit dans des proportions peu différentes de celles d'autrefois, se compose d'un piédestal en marbre blanc surmonté d'une urne en marbre noir (156). Sur la face qui regarde le sentier on lit au dessous d'un bas-relief assez commun :

« Mon amour pour mon fils a pu seul me retenir à la vie. »

de l'autre côté on lit le nom et la date de la mort du jeune et infortuné général.

LABÉDOYÈRE se joignit le premier à Napoléon lors du retour de l'île d'Elbe, et fut tué aussi le premier après la rentrée des Bourbons. Sa faute avait été grande sans doute; car les hommes qui ont le privilége des armes doivent s'en servir pour défendre la nation, et non pour lui imposer des lois : mais il n'avait que vingt-neuf ans, était fanatique de gloire et avait pris l'opinion des camps pour l'accent de la patrie. Le conseil qui le jugea était composé de ses anciens compagnons ; aucun d'eux n'osa décliner cette mission de sang : ils condamnèrent leur frère d'armes comme ils auraient condamné la veille ceux qui le faisaient juger. Labédoyère écouta sa condamnation sans émotion ni bravades, comme il aurait écouté le canon d'une bataille. Sa jeune épouse se jeta en vain aux pieds du roi en criant : « Grâce ! » Louis XVIII lui répondit par un discours sur les devoirs des rois, et la laissa se rouler à terre. Rien, hélas ! ne pousse à la férocité comme la peur !

Arrivé au lieu du supplice, Labédoyère s'avança jusqu'à ce que l'extrémité des fusils touchât presque sa poitrine, puis, d'une voix calme, il dit aux vétérans : « Tirez, mes amis ! » Le feu lui répondit, et il tomba percé de douze balles. Le prêtre qui accompagnait le héros vint s'agenouiller aussitôt devant le cadavre; puis il trempa un mouchoir dans le sang qui sortait en bouillonnant de la poitrine, et le rapporta comme une relique à madame de Labédoyère.

Un peu plus loin nous apercevons sur la droite le monument du maréchal VICTOR, duc de Bellune (63).

Claude Perrin, dit VICTOR, s'éleva par son seul mérite du poste de simple soldat au rang de maréchal d'empire. Il signa la déchéance de Napoléon en 1814, et fut nommé pair de France par Louis XVIII, en 1815.

A quelques pas d'ici nous voyons à gauche une petite pyramide élevée sur un piédestal et surmontée d'une croix de fer (155). Elle marque l'emplacement où repose la *princesse* Louise de BOURBON-CONTI, fille *légitimée* du dernier prince de la branche cadette des Condé.

Cette *princesse*, que plusieurs biographes traitent d'aventurière, se prétendait fille du prince Joseph de Bourbon-Conti et de la belle duchesse de Mazarin. Les Bourbons n'accueillirent jamais ses prétentions, mais lui laissèrent prendre le titre qu'elle a emporté dans la tombe. Elle a laissé des *Mémoires historiques.*

A côté du monument de la princesse de Conti se trouve celui de DUPONCHEL, directeur de l'Académie de Musique (154).

En face d'ici nous voyons le tombeau d'Elisa MERCOEUR (161). Ce monument est journellement barbouillé de niaiseries sentimentales, qui rendent presque illisibles et finiront par effacer tout à fait les fragments de poésie qui y sont gravés.

Elisa MERCOEUR semblait incarnée sous une forme angélique pour élever les regards au ciel, et pour figurer la candeur dans la beauté. A l'âge de seize ans elle écrivait les vers suivants, qui annoncent déjà un beau talent, et peignent si bien l'âme et les tristes pressentiments de la pauvre jeune fille :

> Quand descendra sur moi l'ombre de la vallée,
> Qu'on verse, en me nommant, sur ma tombe isolée
> Quelques larmes du cœur.
> Mais ces larmes, hélas! qui viendra les répandre,
> Et, plaintif, tristement imprimer sur ma cendre
> Le pas de la douleur?

. . . .
Mais le ruisseau demain rafraîchira les roses,
Elles retrouveront son mobile miroir,
Et moi, comme les fleurs qui s'effeuillent écloses.
La mort va me cacher sous les ailes du soir.
J'ai froid, et je voudrais m'attacher à la vie,
De ce cœur pour aimer ranimer la chaleur ;
Tel, après ses adieux, un tremblant voyageur
Jette un dernier regard sur la douce patrie !

Aux approches de la mort, Elisa Mercœur filtra goutte à goutte dans ses vers les trésors de son cœur et de son imagination. Sa conversation était une ode sans fin : on se pressait autour d'elle pour assister à cette angélique explosion d'idées tristes et de sentiments généreux. Elle s'éteignit à l'âge de vingt-cinq ans !

Nous quittons ici le sentier de Labédoyère pour prendre celui de Lauriston, qui se trouve en face du tombeau d'Elisa Mercœur. Nous y voyons d'abord, à droite, le monument en marbre de la comtesse FRESIA, fille du général piémontais, comte Fresia d'Oglianico, ancien gouverneur de Venise, et veuve du comte de Lamotte, ancien sénateur.

La comtesse FRESIA fut une des femmes les plus gracieuses de l'époque impériale ; la nature semblait l'avoir formée pour séduire et orner une cour.

A quelques pas du monument de la comtesse Fresia on aperçoit un peu sur la droite celui de VIS-CONTI (142).

Quirinus VISCONTI, savant antiquaire romain, fut d'abord destiné à l'Eglise, où il ne voulut pas entrer. Il devint ministre de l'intérieur sous le gouvernement provisoire des Romains, en 1797; fut obligé ensuite de se réfugier en France, où il se fit naturaliser, et devint directeur des musées, académicien, etc.

Derrière Visconti une mince stèle de pierre précédée de quatre cyprès porte cette inscription :

J. L. TALLIEN,

né en 1767, mort en 1820.

Que de pages sombres et terribles dans ces deux lignes ! que de sang entre ces deux dates !

TALLIEN fut un de ces aventuriers d'idées et de condition qui naissent avec l'impatience de la célébrité dans l'âme, sans en avoir la portée dans l'esprit. A la Convention il vota la mort de Louis XVI, dans la conviction qu'en abolissant le signe vivant de la royauté il abolissait la royauté elle-même. Commissaire de la Convention à Bordeaux, il y installa la guillotine, poursuivit sans relâche les derniers débris de la Gironde, et fit tomber en quelques semaines près de huit cents têtes de suspects. La révolution était un instinct et non une religion chez lui ; il en eut l'ivresse, parceque le sang est contagieux comme l'air et monte au cerveau des exaltés ; mais il n'en eut jamais l'amour. Jeune, beau, étourdi de sa puissance, terrible et indulgent par saccades, il gouvernait Bordeaux en satrape plutôt qu'en délégué du peuple, lorsqu'une femme se sentit assez courageuse pour l'affronter et assez séduisante pour l'attendrir. La nature se sert souvent des attraits d'une fille d'Ève pour subjuguer les despotes, et celle-ci était la statue vivante de la beauté. Tallien, qui faisait trembler le Midi, rampa à ses pieds, et elle s donna à lui pour devenir la providence des persécutés. Elle était fille du comte de Cabarus, et veuve du marquis de Fontenay. Robespierre prit ombrage du crédit de cette femme quand elle revint avec Tallien à Paris, et la fit jeter dans un cachot où se trouvait déjà Joséphine, la future impératrice des Français. De sa prison Mme Tallien sut inspirer à son mari le courage d'attaquer Robespierre. La veille du jour fixé pour l'exécution de celle qu'il aimait, Tallien se rendit à la Convention avec le poignard qu'elle lui avait envoyé, et l'agita à la tribune devant la poitrine de Robespierre. Cette exaltation entraîna l'assemblée, et le surlendemain Robespierre portait sa tête sur l'échafaud.

Tallien servit la révolution comme le vent sert la tempête, en soulevant l'écume et en jouant avec les flots. Il traversa obscurément l'empire et mourut très pauvrement sous la restauration. Sa femme repose ailleurs, sous le titre de princesse de C.....

En continuant nous laissons à gauche le sentier des Victimes, puis la chapelle COLLOT, dont les côtés sont ornés de bas-reliefs allégoriques (151), et nous nous arrêtons ensuite devant celle du maréchal LAURISTON, qui se trouve du côté opposé. La sépulture de ce maréchal ne porte aucune inscription, et n'a d'autre ornement à l'extérieur qu'un casque et un glaive antiques sculptés au dessus de la porte (140).

Le maréchal LAURISTON, petit-fils du fameux Law, dont le système financier bouleversa tant de fortunes sous la régence, était colonel d'artillerie en 1789, et fit en cette qualité les premières campagnes de la révolution. Il devint gouverneur de Venise et de la Dalmatie ; négocia la fameuse paix d'Amiens, qui dura si peu, et fut à cette occasion porté en triomphe par le peuple de Londres; épousa par procuration de l'empereur l'archiduchesse Marie-Louise ; fut fait prisonnier à Leipsick; présida les conseils de guerre qui *jugèrent* ses anciens camarades après les Cent-Jours, et fut fait, en 1820, maréchal de France et ministre de la maison du roi.

Le mausolée du *duc* DE PLAISANCE attire ensuite notre attention ; il est tout en granit brun et orné de sculptures allégoriques (148).

Charles-François LEBRUN, troisième consul avec Bonaparte, architrésorier de l'empire, duc de Plaisance, gouverneur de Hollande après 'abdication du roi Louis, grand-maître de l'Université, etc., débuta par faire l'apologie du chancelier Maupeou, persécuteur des parlements, qui le récompensa par un emploi de censeur.

Nous voyons d'ici un monument très élevé qui se

trouve un peu plus bas et à gauche du sentier de Plaisance (159). C'est la ville de Paris qui a fait élever ce monument aux soldats et gardes nationaux qui succombèrent dans la lutte contre les républicains les 5 et 6 juin 1832. On enterra dans le même lieu, en 1834, les victimes d'une autre insurrection, et en 1835 celles de la machine infernale de Fieschi. Sur la face principale on lit cette inscription :

AUX VICTIMES DE JUIN

LA VILLE DE PARIS RECONNAISSANTE !

On ne se doutait pas, quand on a gravé cette inscription, que d'autres journées de juin effaceraient le souvenir de celles-ci, et resteraient seules en possession du titre !

Nous prenons ensuite le sentier de Maison, qui passe *derrière* le monument du duc de Plaisance. En descendant ce sentier, nous rencontrons à gauche la chapelle du maréchal MAISON (147).

Le *maréchal* MAISON conquit presque tous ses grades à la pointe de son épée, et s'illustra par son intrépidité autant que par ses connaissances dans l'art de la guerre. Nommé par Napoléon au commandement de l'armée du Nord, en 1814, il reçut Louis XVIII à Calais : — Sire, lui dit-il, l'armée dont je suis l'organe est heureuse de vous offrir son entier dévouement.... — Et l'armée, conformément aux ordres qu'elle avait reçus, cria : Vive le roi ! mais l'événement ne tarda pas à prouver ce que valent les acclamations qui ne partent pas du cœur.

Le général Maison accompagna Louis XVIII à Gand, et rentra avec lui en France. Il commanda en 1828 l'expédition de Morée, qui lui valut le grade de maréchal de France, et deux ans après accompagna Charles X à Cherbourg, en qualité de commissaire du gouvernement provisoire ! Il se montra aussi dévoué au gouvernement de Louis-Philippe qu'il l'avait été à tous les autres, et devint ministre de la guerre, pair de France, etc.

Plus bas nous trouvons à droite la chapelle *Mousset*, qui a derrière elle la sépulture *Aubrun-Mirambeau ;* en passant à côté de celle-ci nous arrivons droit à une modeste tombe entourée de lierre et de chèvrefeuille (139) : c'est là que repose *Marie* JOBBE, épouse de M. CHAMPION, *le petit manteau bleu.* Inclinons-nous en passant devant la dernière demeure de celle qui fut la digne compagne du moderne Vincent de Paule, et achevons de traverser l'îlot où nous sommes pour gagner l'avenue de l'Orangerie.

Le monument du *docteur* FRAPART, que nous rencontrons à gauche en montant l'avenue de l'Orangerie, se compose d'un piédestal surmonté d'un buste de bronze (123).

FRAPART, médecin et moraliste, voua sa vie entière à l'humanité. Comme Mallebranche, il se renferma en lui-même, et après s'être contemplé longtemps il présenta aux hommes le miroir dans lequel il s'était vu. Son rêve fut d'abolir la misère. Beau rêve ! quand il dure comme chez Frapart pendant toute la vie !

D'ici, nous passons dans le sentier de Lallemant soit en descendant quelques pas pour prendre le premier sentier à droite, soit en traversant l'îlot près du monument de Frapart.

En montant le sentier Lallemant, nous laissons d'abord à droite la colonne de la *marquise de la Valette,* située vis-à-vis de la chapelle *Saucède,* puis nous trouvons du même côté un monument que les Écoles des Beaux-Arts, de Médecine, de Droit et du Commerce ont élevé à l'ancien patriarche de l'Université de France : J. LALLEMANT, éminent professeur classique, aussi célèbre par les élèves distingués qu'il forma que par ses vastes connaissances.

Rien n'est plus triste que l'aspect de ce monument : on a voulu lui donner un caractère antique, et ses pierres disjointes lui donnent déjà l'apparence d'une ruine. La balustrade a disparu, et à la place du gazon qui tapissait autrefois l'intérieur du monument on ne voit plus que des platras, des orties et des mauves. Un cyprès placé d'abord dans une caisse a fini par traverser le fond pourri de sa prison, comme s'il eût compris qu'on ne songerait pas à l'en tirer, et a solidement planté ses racines dans le sol. Espérons qu'on remédiera bientôt à un état de choses aussi déplorable, et poursuivons notre pèlerinage.

Voici, à droite, le sarcophage en marbre de *M. Schneider*, député de Saône-et-Loire ; puis un peu plus loin, sur la gauche, le tombeau plus modeste du peintre ANSIAUX, auteur de *Moïse sauvé des eaux* et d'un grand nombre de tableaux d'église.

En face du monument d'Ansiaux, une colonne de grande dimension, élevée sur un piédestal de granit, indique l'emplacement où repose la célèbre Mme de RUMFORT, sœur de l'illustre LAVOISIER et femme du comte de RUMFORT, qui mérita le titre d'ami des pauvres par son activité à soulager toutes les misères (117).

Mᵐᵉ de RUMFORT partagea les travaux de son frère jusqu'au jour où l'échafaud révolutionnaire enleva cet illustre chimiste à la science. Elle resta jusqu'à la fin de sa vie le foyer de toutes les opinions et de tous les talents neutralisés dans son salon, par la bonté de son âme et la tolérance de son génie.

Après le monument d'Ansiaux nous voyons du même côté celui de *M. Heurtault*, architecte de Louis XVIII. L'inscription de ce monument est surmontée d'une guirlande de cyprès délicatement sculptée et d'un médaillon représentant l'oiseau de la mort.

A dix pas environ derrière le tombeau de M. Heurtault, nous trouvons celui du peintre VANDAEL. L'auteur de *la Corbeille à Julie*, de *l'Offrande à Flore*, de *la Croisée* et de tant d'autres gracieuses compositions n'a pour monument qu'une simple pierre ornée d'une palette, sous laquelle on lit ces quatre vers :

> Si tu viens au printemps dans ce lieu de douleurs,
> Ami des arts, tu dois le tribut d'une rose
> A ce tombeau modeste où pour jamais repose
> La cendre de Vandaël, notre peintre de fleurs.

A côté de Vandaël repose *Gérard* VAN SPAEN-DONCK, savant naturaliste, directeur du Jardin-des-Plantes, etc.

Derrière le tombeau de Van Spaendonck se trouve celui de FOURCROY. Le lierre a envahi la base et caché les inscriptions de ce monument, dont la partie supérieure est occupée par une niche au fond de laquelle on voit le buste en marbre du célèbre chimiste.

Antoine de FOURCROY, collaborateur et ami de Lavoisier, introduisit le premier avec succès la chimie dans la médecine. A la Convention il proposa et fit adopter le nouveau système des poids et mesures, devint membre du comité de salut public, et ne s'y occupa qu'à organiser l'instruction en France. Il créa pendant la période révolutionnaire les trois grandes écoles centrales de médecine, douze éco'es de droit, trente lycées et près de trois cents collèges. Son zèle infatigable pour l'instruction publique lui attira des persécutions de ceux qui voulaient poser un éteignoir sur l'intelligence. Il mourut pauvre et accablé de chagrins, à l'âge de cinquante-trois ans, en 1809.

Le monument de BRÉGUET se trouve derrière celui de Fourcroy : il se compose d'un petit piédestal surmonté d'un buste en bronze.

BRÉGUET fut tout simplement le premier horloger du siècle. Il inventa les fameuses montres perpétuelles et les chronomètres. Après la mort de Carnot, il le remplaça à l'Institut.

André THOUIN, membre de l'Institut, repose de l'autre côté de Fourcroy, et a devant lui le célèbre *Parny*, dont la pyramide en granit noir est à moitié cachée par les arbustes qui croissent à ses pieds (108).

Le chevalier *Evariste de* PARNY, que ses ouvrages licencieux ont fait surnommer le *Tibulle de la France*, débuta, à l'âge de dix-neuf ans, par des élégies du style le plus pur et le plus gracieux, mais présentant souvent les mêmes images. Il ne convient pas de parler ici des œuvres de son âge mûr et de sa vieillesse.

Entre le monument de Parny et celui de Boïeldieu, qui s'élève à quelques pas devant nous, se trouve la tombe d'*Aimé* MARTIN, auteur des *Lettres à Sophie*, de l'*Education des Mères de famille*, etc.

Aimé MARTIN, disciple et continuateur de Bernardin de Saint-Pierre, cultiva en même temps les sciences et la littérature. Son style simple, coulant sans écume, était l'image de son esprit et de son âme. Il vivait par le cœur, c'est par là aussi qu'il est mort. Il épousa la veuve de Bernardin de Saint-Pierre, qui repose à côté de lui.

Nous voici devant le beau monument qui a été élevé à BOIELDIEU par une souscription nationale. La face principale de ce monument est ornée d'un médaillon qui reproduit les traits du célèbre compositeur (105).

Devant Boïeldieu est une tombe exactement semblable à celle d'Aimé Martin; elle renferme les restes de BERNARDIN DE SAINT-PIERRE, de VIRGINIE, sa fille et du général GAZAN, son gendre.

L'auteur du charmant épisode de Paul et Virginie fut l'homme le plus inoffensif du monde; mais sa philosophie douce et aimante ne l'arracha pas aux traits venimeux de l'envie. Il succéda à Buffon dans la direction du Jardin-des-Plantes, et se donna un mal inouï pour y installer les bêtes féroces de Versailles, qui, par suite de la révolution, se trouvaient sans asile pour reposer leur tête et leurs griffes. Au milieu du vacarme que faisaient ses nouveaux hôtes, l'illustre historien de la nature n'entendait pas la révolution qui grondait au dehors. Il eut vent cependant qu'un économiste proposait d'empailler ses bêtes au lieu de les nourrir, et sortit de sa retraite pour plaider leur cause. Les hommes d'alors, qui se dévoraient entre eux, s'attendrirent sur le sort du tigre, et la ménagerie fut sauvée. Peu de temps après, Bernardin de Saint-Pierre fut proscrit lui-même, et tomba ensuite dans une misère profonde qui ne l'empêcha pas de poursuivre ses *Études* et ses *Harmonies de la nature.*

A deux pas, au dessous de la tombe de Bernardin de Saint-Pierre, se trouve celle de Mlle DUGAZON, célèbre actrice de l'ancienne comédie italienne, morte en 1821.

Mlle DUGAZON jouait les amoureuses avec tant de succès qu'elle a laissé son nom à plusieurs rôles de son emploi. Sa fille lui a élevé ce simple monument, qui porte cette inscription :

« Ici repose ma meilleure amie, c'était ma mère. »

Repassons devant le monument de Boïeldieu pour arriver à celui de BELLINI, qu'un gros arbre couvre de son feuillage (113). Ce poétique monument se trouve derrière la tombe de Delille, que nous avons déjà visitée. Comme celui d'Elisa Mercœur, il est journellement pollué par des sots qui, à l'aide de couteaux ou de poinçons, gravent profondément leurs noms inconnus sur les bras, les draperies et la figure de l'ange qui pleure, enveloppé dans ses ailes, au pied du monument.

Les compositions de BELLINI sont admirables de grâce et d'originalité. Les plus applaudies furent la *Somnambule*, *Norma*, et surtout les *Puritains*. Ce dernier opéra fut le chant du cygne. Bellini mourut au milieu de son triomphe, à l'âge de vingt-six ans.

A quelques pas du monument de Bellini, on aperçoit sur un piédestal de marbre blanc le buste de GRÉTRY, autre grand compositeur (107). L'expression inspirée de la vie s'unit dans cette tête à l'expression profonde de la mort ; malheureusement elle n'est qu'en pierre, et s'est déjà fendillée sous l'action du temps. Espérons que le marbre ou le bronze reproduiront bientôt ce petit chef-d'œuvre de sculpture.

Revenus sur le sentier de Bellini, nous voyons de l'autre côté, en face de Grétry et derrière le berceau de verdure qui entoure les trois colonnes de la famille *Bouilli*, le monument de MÉHUL, qui se compose d'une colonne en marbre blanc (116).

MÉHUL, élève de Gluck, et le premier des organistes de son temps, a immortalisé son nom par les nombreux chefs-d'œuvre dont il a enrichi sa patrie.

Après le monument de Méhul et en face de celui de Bellini, nous apercevons du sentier une colonne surmontée d'un globe qui est censé représenter un ballon enflammé : c'est le tombeau de l'infortunée Mme BLANCHARD.

Cette intrépide aéronaute fut tuée à sa cinquante-quatrième ascension, un jour de fête de Tivoli, à Paris. Elle s'éleva à une grande hauteur, et de là lança un feu d'artifice qui mit le feu à son ballon. Elle tomba sur une maison dont elle enfonça le toit, et ses restes fracassés furent transportés ici.

A quelques pas du tombeau de M. Blanchard, nous voyons sur le sentier celui de HÉROLD (114).

Les suaves productions de ce chantre de la mélancolie sont admirées des connaisseurs et plaisent également à la multitude, qui ne raisonne pas ses sensations.

Un peu plus haut, nous prenons à droite un petit passage qui aboutit à l'allée de Casimir Périer. En descendant cette allée, nous laissons à gauche la belle sépulture de la famille *Desmarests* (235), puis celle de la famille *Marcotte*, qui renferme les restes d'un chevalier *Thomas de Cantorbéry Becquet*. (*)

Un peu plus bas que la sépulture Mariotte nous voyons, à droite, près du grand sarcophage de la famille Libert, la tombe de PHILIPPON DE LA MADELEINE, ancien intendant de Charles X, chansonnier et vaudevilliste distingué.

Derrière la tombe de Philippon se trouve celle de GOSSEC, célèbre compositeur de musique, auteur de l'*Apothéose de Voltaire*, de l'*Hymne funèbre de Mirabeau*, etc. (119).

Nous laissons ensuite à gauche la sépulture *Dubois* (237), puis le sentier de Roguet, et nous arrivons au rond-point, qui nous offre d'abord, à gauche, une sépulture surmontée d'une statue colossale de la Vierge. L'enfant divin, debout sur les genoux de sa mère et soutenu par elle, donne en souriant sa bénédiction. Cette sépulture renferme les restes du général *Malet* et du comte *Malet*, son frère, ancien officier de cavalerie, qui se fit prêtre après la mort de son épouse.

Près de la sépulture Malet, nous voyons le mo-

(*) L'histoire nous apprend que Thomas Becket, archevêque de Cantorbéry au douzième siècle, fut assassiné au pied de l'autel, par ordre du roi Henri II ; mais nous ignorions que ce prélat, dont l'Eglise a fait un saint, eût laissé des héritiers de son nom et de son titre épiscopal.

nument de *Gaspard* MONGE, *comte de Péluse*
(262).

Né à une époque où le génie ne suffit pas pour parvenir, *Gaspard*
MONGE fut longtemps éloigné des emplois qu'il était capable d'occuper. A la révolution, il rendit d'immenses services à la France en réorganisant les arsenaux militaires. Comme ministre de la guerre, il dut
signer l'ordre d'exécuter Louis XVI, et fut pour ce motif chassé de
l'Institut après la rentrée des Bourbons. —Il suivit l'expédition d'Egypte,
et contribua à faire connaître cette terre si riche en souvenirs ; mais
son plus beau titre de gloire est la fondation de l'École polytechnique.

Nous passons ensuite devant l'obélisque en marbre
blanc du *baron* PERCY, célèbre chirurgien du temps
de l'Empire, membre de l'Institut (263).

Trois ou quatre pas plus loin nous voyons du
sentier une colonne surmontée d'un buste en marbre
blanc : c'est le tombeau du *docteur* GALL, le
Christophe Colomb de la phrénologie (264).

GALL entreprit la tâche immense de faire le tour du cerveau de
l'homme et d'y marquer comme sur une carte les divisions de l'âme.
Tout le monde se rappelle l'enthousiasme qui accueillit le révélateur
du monde moral quand il exposa pour la première fois sa doctrine en
Allemagne : les rois et les artistes, les savants et les sots accouraient
au devant de lui avec une égale ardeur. Soit que Gall ait réussi à soulever un coin du voile sous lequel l'auteur de la création avait caché
les secrets des destinées humaines, soit qu'il se soit trompé en érigeant
en système ce qui pouvait n'être chez lui que la suite de facultés extraordinaires, il n'en restera pas moins comme le représentant d'une
grande idée. Napoléon se déclara l'adversaire du hardi novateur, qui
s'en consola en disant que le génie le plus élevé avait au dessus de
lui la vérité, comme l'aigle qui vole dans le ciel a au dessus de lui la
lumière. L'empereur, qui croyait à *son étoile*, niait la prédestination
chez les autres. Il disait à Sainte-Hélène : « J'ai beaucoup contribué à
perdre Gall ! » Comme si en comprimant une idée, quand elle est
vraie, on n'en faisait pas jaillir la lumière !

Nous rencontrons ensuite le tombeau du *docteur* CHAUSSIER, historien de l'organisation humaine, l'un des médecins les plus distingués de l'époque contemporaine.

Passons maintenant au monument de *Casimir* PERIER, qui occupe le centre du rond-point (121).

Cet homme d'état célèbre renonça à la carrière militaire qu'il avait embrassée d'abord pour se faire banquier. Membre influent de l'opposition sous les Bourbons, il aida puissamment à les renverser. Il devint ensuite président de la Chambre des députés, ministre de Louis-Philippe, et succéda à Laffitte dans la présidence du conseil. Le choléra l'emporta en 1832.

En entrant dans l'avenue du midi qui se trouve à droite, derrière le monument de Casimir Périer, nous laissons d'abord à notre gauche le petit tombeau en marbre blanc de *Joseph* FOURRIER. Ce monument est orné d'un buste.

Joseph FOURRIER, ancien oratorien, devint en 1797 membre du gouvernement que Bonaparte établit en Egypte. Il se recommande à la postérité par d'importants travaux, tels que *la Théorie de la Chaleur*.

Près du tombeau de Fourrier s'élève une grande pyramide consacrée à la mémoire de M. *de Saint-Amand*, ancien fermier général (267).

Quelques pas plus loin nous voyons du même côté le tombeau en marbre d'ANDRIEUX, secrétaire perpétuel de l'Académie française (268).

Écrivain spirituel et du meilleur style, quoique de l'académie, ANDRIEUX parvint à une grande célébrité littéraire par ses drames, comédies, poésies et ouvrages politiques. Il embrassa tout, et réussit plus ou moins bien dans tout. Membre de la Convention en 1793, il se montra partisan de la liberté et ennemi de l'arbitraire. Il accepta, en

1800 la présidence du Tribunat, qui ne l'empêcha nullement de se livrer à ses goûts littéraires, et mourut professeur au Collége de France.

En continuant nous voyons du même côté un grand obélisque de marbre blanc dont les faces sculptées sont ornées d'inscriptions et de trophées maritimes : c'est le tombeau de l'*amiral* ROSILY-MESROS (269).

Le *comte* de ROSILY-MESROS fit ses premières campagnes dans l'Inde, sous les ordres de l'amiral Suffren, commanda la frégate *la Méduse*, sous Louis XVI, devint chef d'escadre sous la république, puis amiral des flottes combinées de France et d'Espagne, avec lesquelles il se fit battre à *Trafalgar* par l'amiral Nelson, qui y fut tué.

A côté du tombeau de Rosily-Mesros se trouve celui du maréchal KELLERMANN, *duc de Valmy* (270).

KELLERMANN, qui de simple hussard devint maréchal de France, était déjà général en 1792. Il adhéra comme presque tous les chefs de l'armée, au renversement de Louis XVI, après le 10 août, et prêta serment à l'égalité, etc. Son admirable défense de Valmy, qui empêcha l'envahissement de la France, lui valut plus tard le titre de duc. Sous la terreur il assiégea la ville de Lyon, révoltée contre la convention, et l'écrasa pendant dix-neuf jours sous les bombes, les boulets rouges et les fusées incendiaires. Il ne voulut pas tremper dans le coup d'état du 18 brumaire, et fut relégué au sénat, dont il devint président en 1801. Les événements de 1814 le trouvèrent prêt, comme presque tous les dignitaires de l'empire, à se rattacher à la royauté, et il vota, en conséquence, la déchéance de Napoléon. Il ne servit pas pendant les cent jours, et fut nommé pair de France au retour des Bourbons. Son cœur repose à Valmy au milieu de ses braves compagnons d'armes.

Après le monument de Kellermann, nous rencontrons du même côté la sépulture du célèbre banquier *Jacques* LAFFITTE et de son épouse.

En continuant nous trouvons à droite, en face de la sépulture *Dosne-Thiers*, le tombeau en granit de PANKOUCKE, fondateur du *Moniteur Universel*, traducteur des œuvres du Tasse, ami de Voltaire et éditeur de ses œuvres.

Nous rencontrons ensuite à gauche la sépulture du *comte* LANJUINAIS.

Député aux États-Généraux en 1789, *Denis* LANJUINAIS concourut à la constitution civile du clergé. Conventionnel en 1792, il combattit avec un courage et une éloquence antique les provocateurs à l'assassinat, dénonça Robespierre, s'opposa avec énergie au jugement de Louis XVI, puis le déclara coupable et vota pour son bannissement; attaqua Chabot, résista à Legendre et autres, qui voulaient le forcer, le pistolet à la main, à descendre de la tribune, et prononça alors ces mémorab es paro es : « Les anciens couronnaient leurs vic imes de fleurs en les immolant, mais ils ne les insultaient pas ! » n'échappa à la mort que parcequ'il la défia avec un sublime mépris de la vie; fut arrêté, condamné et, comme plus tard Lavalette, sauvé par sa femme; rentra à la convention après la mort de Robespierre et en devint président. Sénateur sous le consulat, il vota contre l'empire. En 1814 il rédigea le décret de déchéance contre Napoléon, et offrit le trône à Louis XVIII contre une charte l bérale. Il mourut pair de France.

Après la sépulture Lanjuinais nous trouvons celle du comte de RICHEBOURG, pair de France, puis le monument de Mlle DUCHESNOIS, célèbre actrice tragique du temps de l'Empire (276).

Mademoiselle DUCHESNOIS, *née Joséphine Ruffin* fut l'émule de mademoiselle Georges, eut comme elle des partisans fanatiques et fut protégée par Joséphine..... peut-être parceque mademoiselle Georges l'était par Napoléon.

A vingt et quelques pas du monument de Mlle DUCHESNOIS nous voyons à droite celui de *Fabrice*

RUFFO, *prince* de CASTEL CICALA et *duc* de CALVELLO, ancien ministre de la justice à Naples, puis ambassadeur à Paris, parent du trop fameux cardinal Ruffo, qui se signala si tristement dans les Calabres pendant les guerres de la révolution.

A quelques pas du monument de Ruffo nous rencontrons une grande chapelle sans inscription, ornée de deux colonnes cannelées et précédée d'une grille : c'est la sépulture du célèbre MARET, *duc de Bassano*.

Le *duc* de BASSANO fut sous l'Empire le ministre personnel et universel de Napoléon; c'était la main active et infatigable de cette tête qui concevait tout. Il suivait l'empereur dans les camps, et avait sur lui l'ascendant que donne un véritable savoir.

Nous voyons ensuite du même côté, en face de la sépulture *Thayer*, une tombe en marbre noir qui renferme les cendres de la *princesse Elodie* DE TALLEYRAND, du *duc* et de la *duchesse* DE BEAU-VILLIERS et de la *princesse* DE CHALAIS.

Près d'ici nous voyons sur la gauche la sépulture du comte SIEYÈS.

Emmanuel SIEYÈS était grand-vicaire de Chartres à l'époque de la révolution ; il jeta alors, comme on dit vulgairement, le froc aux orties, et se rendit bientôt célèbre par la déclaration des droits de l'homme. A la Convention il se montra contraire au jugement de Louis XVI, dont il vota cependant la mort *sans phrase*, pour donner un gage irrécusable à la révolution et aussi par ce sentiment qui fait abandonner la vie d'autrui pour conserver la sienne. On n'est jamais cruel que faute d'être assez courageux! Sieyès se tut ou affecta de dormir au commencement de la terreur; mais lorsque la guillotine devint une institution et que la religion de Chaumette prit la place de celle du

Christ, il comprit que le silence même avait ses dangers, et prit la parole pour abdiquer son caractère de prêtre. « Citoyens, dit-il, je n'ai point de lettres de prêtrise à vous offrir ; depuis longtemps je les ai détruites ! mais je dépose l'indemnité que je recevais en remplacement de mes anciennes dotations ! » Robespierre appelait Sieyès *la taupe de la révolution :* « L'abbé Sieyès ne se montre pas, » disait-il, « mais il ne cesse d'agir dans les souterrains de l'assemblée ; il soulève les terres, et il disparaît ; il pousse les factions les unes contre les autres, et se tient à l'écart pour profiter de leurs fautes. » C'était assez juste ! La providence de Sieyès fut le temps : il connaissait la puissance du sophisme sur les masses inintelligentes, et prévoyait les aberrations des partis ; son génie fut toujours de savoir attendre. Collègue de Barras au Directoire, il trama avec Bonaparte sa propre déchéance. Consul avec le glorieux contempteur de la liberté, il ne tarda pas à découvrir qu'il s'était donné un maître, et non un collègue. Il se perdit ensuite dans le sénat, retrouva la parole en 1815 pour se moquer de l'acte additionnel, où le despotisme le plus pur se colorait du nom de constitution, fut exilé comme régicide après la rentrée des Bourbons, et ne revint en France qu'en 1830. Ses ouvrages ont pour but l'affermissement d'un gouvernement constitutionnel sans despotisme ni anarchie, et reposant sur la base de la liberté la plus complète.

Près du tombeau de Sieyès est une pyramide en marbre blanc consacrée à la mémoire de *Népomucène* LEMERCIER, poète et auteur tragique (277).

LEMERCIER fut un littérateur varié et un philosophe tolérant. Il resta fidèle à la liberté sous l'empire, et ne se prosterna pas sous ce régime qui imposait le silence ou la bassesse aux écrivains. Ses ouvrages dramatiques, pleins d'allusions d'une grande hardiesse pour l'époque, tels que *Pinto, Dame censure ou la Corruptrice* et autres, lui attirèrent des persécutions. Il combattit par tous les moyens possibles la dictature, cette humiliante tutelle qui enchaîne, sous prétexte de guider, et fut ennemi de Bonaparte parcequ'il y a guerre naturelle entre le génie de la pensée et celui de l'oppression. La chute du grand homme lui permit enfin de respirer. Il excella surtout à présenter les choses graves sous un aspect comique, et associa un esprit bizarre à un cœur noble et droit.

Nous voyons ensuite une grande chapelle en marbre blanc, ornée d'une porte de bronze : c'est la sépulture du comte Roy, l'un des plus célèbres financiers de l'époque contemporaine.

Lorsque Napoléon confisqua les propriétés du duc de Bouillon pour les donner à sa famille, le *comte ROY* protesta énergiquement au nom du droit de propriété violé. Cet acte de courage l'honora dans l'esprit public ; mais les propriétés ne furent pas rendues. En 1815 le comte Roy proposa la déchéance de l'empereur, et sous la Restauration il devint ministre des finances.

Près de la sépulture du comte Roy nous voyons celle de M. MARTIN (*du Nord*). Cet homme d'État mourut garde-des-sceaux et ministre de la justice sous Louis-Philippe.

Vis-à-vis de la sépulture Martin du Nord on voit une petite colonne en marbre blanc : c'est la tombe du commandeur *Christophe* DE FERRETTE, ancien grand-prieur de l'ordre de Malte. Ce personnage se défendit contre Napoléon avec plus de courage que de succès, et devint ministre du grand-duc de Bade après que Napoléon eut pris Malte et dispersé les chevaliers.

Nous voyons ensuite à droite trois belles chapelles gothiques, dont l'une, celle de Maillard (178), a été élevée par de simples ouvriers associés. Après avoir dépassé la dernière, nous nous arrêtons un moment pour jouir du spectacle que nous offre la vue d'une partie de Paris et de ses environs. A la gauche de ce tableau nous apercevons Vincennes avec ses maisons blanches, son donjon séculaire, ses tapis de verdure et sa couronne de grands arbres.

Au bas de la déclivité rapide que forme le terrain du cimetière à l'endroit où nous sommes se trouve la chapelle du comte DE BONDY, ancien préfet de la Seine (179).

Le *comte de* BONDY suivit l'empereur aux armées en qualité de chambel'an ; fut nommé préfet de la Seine en 1815, et chargé en cette qualité de traiter avec Wellington ; parut comme témoin à décharge dans le procès de Ney ; fut député libéral en 1818 et de nouveau préfet de la Seine en 1830. Les gouvernements n'étaient à ses yeux que des formes mobiles que prend tour à tour l'esprit du temps.

Le tombeau de NICOD, chirurgien du roi Charles X, se trouve presque en face de celui du comte de Bondy (175).

Un peu plus loin dans la même direction se trouve le tombeau du *chimiste* DARCET (176).

C'est DARCET qui le premier décomposa le diamant et en démontra la combustibilité, niée jusqu'alors ; c'est à lui encore qu'on doit l'extraction de la gélatine des os et celle de la soude.

Tournons-nous ensuite vers le beau monument du *maréchal* GOUVION SAINT-CYR (283).

Laurent GOUVION-SAINT-CYR commença par être acteur de troisième ordre à l'ancien théâtre Beaumarchais. Il quitta cette profession, qui ne lui rapportait guère que des sifflets, pour se faire révolutionnaire ; puis il s'engagea dans un bataillon de volontaires, qui le nomma capitaine : deux ans après il était lieutenant-général. En 1804 il fut fait général des cuirassiers, et en 1812, en Russie, il succéda au maréchal Oudinot dans le commandement de l'armée du centre ; en 1814 il signa avec empressement la déchéance de Napoléon, qu'il n'avait jamais beaucoup aimé, et fut nommé pair de France par Louis XVIII. Il ne servit pas pendant les Cent-Jours, et fut fait ministre de la guerre après Waterloo ; grand organisateur et auteur d'importants travaux historiques sur les guerres de l'empire.

A quelques pas du monument de Gouvion Saint-Cyr, nous voyons la sépulture du *maréchal* MACDONALD, *duc de Tarente* (n° 285).

MACDONALD était un gentilhomme de sang irlandais, dont les ancêtres avaient suivi Jacques II en France. La loyauté coulait dans ses veines ; aussi il se montra le plus fidèle quoique le plus indépendant des lieutenants de Napoléon. Ce qui le distingua surtout dans ses commandements, fut un désintéressement d'autant plus remarquable qu'il était fort rare. Napoléon, qui l'apprécia au dernier moment, lui fit présent à Fontainebleau du sabre de Mourad-Bey.

Dans la chapelle *Otto* et *Pelet*, que nous rencontrons ensuite, se trouvent les restes du *comte* PELET DE LA LOZÈRE et du *général* MEYNADIER.

Jean PELET (*de la Lozère*) joua un rôle assez modéré à la Convention, dont il devint président en 1795. Il fut élu ensuite au conseil des Cinq-Cents par soixante et onze départements, présida aussi ce dernier corps, devint ministre de la police pendant les Cent-Jours, et siégea comme député libéral dans les assemblées de la Restauration.

En continuant nous trouvons la chapelle FROCHOT, dont les côtés sont ornés de bas-reliefs allégoriques (286).

FROCHOT, ami et exécuteur testamentaire de Mirabeau, embrassa d'abord avec ardeur les principes de la révolution, et louvoya entre les partis jusqu'en 1799. Il jeta alors sa défroque républicaine, et devint comte et conseiller d'état. Préfet de la Seine en 1812, il se laissa prendre à la conspiration du généra Ma let, crut l'empereur mort, comme on le lui disait, perdit la tête, et signa tout ce qu'on voulut. Napoléon à son retour de Moscou le déclara publiquement un magistrat pusillanime, et le destitua.

5.

D'ici nous apercevons à droite le monument de LAVALETTE (180).

LAVALETTE fut un des chefs de la garde nationale qui défendirent les Tuileries contre le peuple en 1792. Il se réfugia ensuite à l'armée pour éviter la proscription, et revint d'Egypte avec le général Bonaparte, qui le fit directeur général des postes, puis conseiller d'État et comte de l'empire. Sa femme, Emilie de Beauharnais, était nièce de l'impératrice Joséphine. Après les événements de 1814, Lavalette prépara à Paris le succès du retour de l'île d'Elbé, s'empara de l'administration des postes avant même que Louis XVIII eût quitté Paris, arrêta le départ des dépêches et défendit de livrer des chevaux de poste sans son ordre. Traduit pour ces faits en cour d'assises à la rentrée des Bourbons, il fut condamné à mort. La veille du jour fixé pour l'exécution, sa femme, sa fille et sa gouvernante furent admises pour le voir. Bientôt après on les vit sortir : Mme de Lavalette, accablée de douleur et la tête penchée, était soutenue d'un côté par sa gouvernante et de l'autre par sa fille. A peine parties, un des geôliers s'aperçut de la substitution, et donna l'alarme. On ferma aussitôt les barrières de Paris; mais Lavalette, en compagnie de trois généraux anglais et revêtu de l'uniforme de l'un d'eux, passa tranquillement sans exciter de soupçons. Mme de Lavalette fut emprisonnée, jugée et acquittée; mais elle ne se releva pas du choc, et perdit la raison pour le reste de ses jours. Un bas-relief représente la scène émouvante de la prison : pendant que Mme de Lavalette ôte ses vêtements pour en couvrir son mari, dont elle va prendre la place, la jeune fille du condamné est en observation devant le guichet, et la gouvernante intercepte la vue de ce qui se passe au fond du cachot. Un poignard planté dans la paillasse indique le sort réservé au guichetier s'il était venu interrompre la métamorphose.

Nous rencontrons ensuite à gauche le pyramidal monument du *chirurgien* DUPUYTREN, célèbre opérateur, que n'intimidèrent jamais les cas désespérés, grand anatomiste et profond observateur (290).

Vis-à-vis de la sépulture de *Claude* BAILLOT; pair

de France, que nous trouvons après le monument de Dupuytren, est un étroit passage qui conduit à la belle chapelle du baron SCHICKLER (181). Suivons ce passage en côtoyant le groupe de monuments qui se trouve à gauche, et arrêtons-nous après quelques pas pour contempler un des plus splendides spectacles que puisse offrir la nature. De cet endroit on découvre une grande partie de Paris et, dans un imposant lointain, les vertes collines qui descendent avec leurs bois, leurs villages et leurs prairies vers le cours de la Seine.

Après avoir dépassé la sépulture du banquier SCHICKLER, nous tournons à gauche, et nous arrivons aussitôt dans le sentier de Rigny. Le premier monument remarquable que nous trouvons sur ce sentier, à gauche en retournant vers l'avenue du midi, est celui de l'*amiral* DE RIGNY, dont les restes viennent d'être transportés dans une autre sépulture, à Montmartre (183).

Après le monument de Rigny, nous voyons l'obélisque en marbre blanc de l'*amiral* BRUIX (182).

A l'époque de l'expédition d'Egypte, BRUIX était vice-amiral et ministre de la marine ; en 1805 il commanda la célèbre flottille de Boulogne, destinée à opérer une descente en Angleterre.

Montons les sept degrés de pierre qui se trouvent de l'autre côté du sentier, exactement en face du monument de Bruix, et nous arriverons droit au sarcophage du *duc* de ROVIGO, qui se trouve un peu écrasé par celui du *marquis d'Estampes*, campé à sa droite.

René SAVARY était colonel de gendarmerie en 1804 ; il fut nommé alors ordonnateur en chef du supplice du duc d'Enghien, et s'acquitta de cette mission de sang avec une rigueur voisine de la férocité. Il arrêta une lettre que le jeune prince voulait faire parvenir à Napoléon, et ne lui permit même pas de recevoir les consolations de la religion. Son zèle dans cette circonstance lui valut un avancement rapide ; mais son nom est resté marqué d'une tache ineffaçable. Quand il n'eût fait qu'obéir, il y a des obéissances qui s'appellent avec raison des complicités. Dieu a fait ainsi le cœur de l'homme que la justice outragée s'y venge par une pitié implacable. Le meurtrier n'a qu'une heure, et la victime a l'éternité.

Derrière le monument du duc de Rovigo s'élève celui du *général* PAJOL et de son épouse, fille du duc de Reggio.

Dirigeons-nous ensuite vers la pyramide en marbre blanc du *général* BELLIARD, qui s'élève majestueusement à quelques pas d'ici (18).

Le *général* BELLIARD fut un des plus glorieux généraux de la république et de l'empire : il reçut en Egypte la première charge des mamelucks, les écrasa à la bataille des Pyramides. et prit ensuite, avec 1,200 hommes, Damiette, qui avait 12,000 défenseurs. Il devint ensuite gouverneur de Madrid, et général en chef des troupes d'Espagne sous le roi Joseph. Un boulet emporta son bras gauche à Leipsick. Après l'abdication de Napoléon, il fut nommé pair de France par Louis XVIII, et major-général de l'armée sous le duc de Berri. Emprisonné au retour des Bourbons, il rentra bientôt en faveur. Après la révolution de 1830, il fut envoyé à Bruxelles pour organiser le nouveau royaume de Belgique.

D'ici nous rejoignons l'avenue du midi, en passant près d'une pyramide surmontée d'un trophée de

bronze et portant le nom du *général* D'ABADIE
(185).

En continuant à monter, nous voyons à gauche la sépulture VIGIER, dans laquelle repose, près de sa fille, le *général* FRÈRE (291).

Nous laissons ensuite sur la droite un monument en tôle qui a été élevé au *capitaine Couteaux*, tué au siége d'Anvers en 1832 ; puis nous prenons à gauche le sentier d'Albuféra, à l'entrée duquel nous voyons le beau monument du *maréchal* SUCHET (391).

Gabriel SUCHET commença comme volontaire, conquit tous ses grades à la pointe de son épée, décida, par son élan, du succès des batailles de Marengo et d'Austerlitz, et commanda en chef l'armée d'Espagne, où il gagna ses titres de maréchal et de duc d'Albuféra.

Derrière le monument du maréchal Suchet on trouve :

A droite, le tombeau du savant *docteur* CULLE--RIER, connu par ses travaux sur la maladie qui coûta un œil à Pangloss et la vie à plus d'un monarque ;

A gauche, le monument du *vice-amiral* GOUR-DON.

Le tombeau de la *duchesse* DE LA TRÉMOILLE, *née princesse de Tarente*, se trouve derrière celui de l'amiral GOURDON.

La *duchesse* DE LA TRÉMOILLE montra un grand courage en se tenant aux côtés de la reine lors de l'envahissement des Tuileries, le 20 juin 1792. Sous Louis XVIII, son salon réunissait tous les génies hostiles à la révolution, et avec eux ces royalistes plus chevaleresques que clairvoyants qui, au lieu de marcher résolument à la tête du siècle, se tournaient obstinément vers le passé, semblables aux braves gens qui regardent l'endroit où le soleil s'est couché, dans l'espoir qu'il se levera à la même place.

En continuant, nous voyons du même côté, sur le sentier, le sarcophage du *général* THIBAULT et de son père *Dieudonné* THIBAULT, qui fut l'ami du grand Frédéric.

Le modeste monument du *maréchal* SERRURIER se trouve après celui de Thibault, à côté de la sépulture *Chamberland*.

L'ardeur républicaine de SERRURIER contribua, autant que sa bravoure, à le faire parvenir aux premiers grades sous la révolution. Au 18 brumaire, il prêta sa complaisance à Bonaparte pour surprendre la république, et fut nommé comte, sénateur, etc.; en 1814, il adhéra un des premiers au renversement de l'empereur, et fut nommé par Louis XVIII pair de France et gouverneur des Invalides. Il servit de nouveau Napoléon pendant les Cent-Jours, et perdit, au retour des Bourbons, gouvernement des Invalides et pairie.

De l'autre côté du sentier, nous voyons ensuite une colonne en marbre blanc surmontée d'un buste de bronze, et portant le nom du *général* RUTY.

En face de la colonne de Ruty se trouvent le sentier de Cambacérès et le sarcophage du *maréchal* LEFÈVRE (362).

Soldat à dix-sept ans, en 1772, et sergent vingt ans plus tard, au commencement de la révolution, *François* LEFEVRE ne tarda pas à regagner le temps perdu : en 1793, il était général, et en 1794 il commandait l'armée de Sambre-et-Meuse. Au 18 brumaire, il aida Bonaparte à renverser la constitution de la république. A la bataille d'Iéna, il commanda toute la garde impériale. Il assiégea et prit Dantzick, ce qui lui valut le titre de duc. A la fatale retraite de Moscou, il eut le commandement en chef de l'armée, et donna l'exemple du courage en marchant constamment à pied, quoiqu'il eût près de soixante ans. Habile surtout à électriser les soldats, son génie trouvait sur le terrain même, et sans combinaisons préalables, les moyens de fixer la victoire. Il eut douze fils qui tous moururent avant lui, les derniers sur le champ de bataille. Présenté à Alexandre après la prise de Paris : « Je ne vous ai pas vu ici au moment de mon arrivée, » lui dit cet empereur : « Malheureusement non, répondit Lefèvre, car vous n'y seriez peut-être pas ! »

Nous laissons le sentier de Cambacérès, qui monte ici à notre droite, et nous passons au monument de MASSÉNA, qui s'élève près de celui du maréchal Lefèvre. Ce monument, d'une grande simplicité, se compose d'un obélisque en marbre blanc d'un seul bloc, de 10 mètres de haut (355).

André MASSÉNA, *l'Enfant chéri de la Victoire*, l'un des premiers capitaines d'un siècle si fecond en grands hommes de guerre, commença très jeune sa carrière, fit ses humanités à l'école des tambours, passa caporal avec le temps, devint ensuite maître d'armes, et resta dans cette position jusqu'à l'âge de quarante ans ; il n'en serait probablement pas sorti sans la révolution, qui vint lui assigner sa place : en 1793, il était lieutenant-général. En Suisse, il tailla en pièces, d'un seul coup, l'armée de l'archiduc Charles et celle du général Korsakoff. En 1806, il prit Naples, etc., etc., et devint successivement duc de Rivoli et prince d'Essling. Après avoir acclamé Louis XVIII, il accepta de Napoléon, en 1815, la pairie et le commandement en chef de la garde nationale.

A quelques pas d'ici, nous voyons sur la gauche la pyramide triangulaire de Frédéric Winsor, l'inventeur de l'éclairage par le gaz (288).

Vis-à-vis de la pyramide Winsor se trouve celle du général Burthe (*). Derrière cette pyramide se trouve

(*) Nous engageons les amateurs d'énigmes à lire l'inscription qui se trouve sur l'un des côtés de la pyramide du brave général Burthe.

la sépulture du maréchal Davoust, qui laisse quelque chose à désirer sous le rapport de l'élégance.

A six pas du monument de Winsor, se trouve, au bord du sentier, la tombe du célèbre chirurgien Larrey. Cette tombe attend quelque chose de mieux qu'un simple entourage de bois.

LARREY, chirurgien en chef de la quatorzième armée de la république, à vingt-huit ans, créa les ambulances volantes avec lesquelles il enlevait les blessés sous le feu des batteries ennemies. Devenu chirurgien en chef des armées de l'empire, il rendit à l'humanité d'immenses services, qui ont donné à son nom une illustration universelle. A Waterloo, il se dévoua comme d'habitude, fut blessé et pris. L'empereur, dans son testament, l'honora d'un souvenir particulier. Sa statue en bronze, par David (d'Angers), se trouve dans la cour du Val-de-Grâce.

Nous voyons ensuite le beau monument du *général* GOBERT, par David *d'Angers* (284).

Le général GOBERT se distingua à Saint-Domingue, et mourut d'une blessure reçue dans la guerre d'Espagne. Son fils disposa d'une somme de 200,000 fr. pour l'érection de ce monument.

En face du monument de Gobert on voit sur le sentier la tombe du célèbre CARON DE BEAUMARCHAIS (347).

L'inimitable auteur du *Mariage de Figaro* fut d'abord maître de musique des filles de Louis XV, et commença sa réputation par des satires. Il se mêla plus tard de commerce sans discontinuer sa vie de plaisirs, et approvisionna de munitions les Etats-Unis insurgés contre l'Angleterre. Il conquit à la fois une immense fortune par ses spéculations, et une immense célébrité par des procès qui n'eussent été que ridicules soutenus par d'autres que par lui. Entouré d'ennemis, il fit face à tous, et les confondit par des plaisanteries mordantes ou des argumens qu'il était seul capable de trouver. Un grand seigneur, piqué au vif, lui ayant dit un jour : « Savez-vous, monsieur Caron, que ma maison compte vingt-deux quartiers ? — Vous avez là sur moi un grand avantage, monsieur le marquis, lui répondit Beaumarchais, car mon quartier, à moi, ne compte pas vingt-deux maisons ! » Un bonheur aussi constant faisait dire : Beaumarchais sera heureux jusqu'au bout ; il sera pendu, mais la corde cassera ! Et la corde cassa en effet : il fut emprisonné à l'abbaye et condamné à mort en 1793 ; mais il échappa à l'échafaud, et mourut tranquille, mais ruiné, en 1799.

Derrière la tombe de Beaumarchais s'élève le monument en marbre blanc du *comte de Ribes*. A douze pas environ derrière celui-ci et un peu à droite, on voit sur une même ligne les tombeaux de la *princesse* CZARTORYSKA, du *général* SOURD et du *général* DESSOLES.

Le *général* SOURD, dans le cours de sa brillante carrière, reçut dix-sept blessures graves sur le corps ; mais son héroïsme à Waterloo surpassa tout ce que les annales militaires montrent de plus étonnant : sommé de se rendre par un colonel anglais, Sourd, pour toute réponse, lui passe son sabre au travers du corps, et renverse tout ce qui se trouve à sa portée. Horace Vernet l'a représenté, sur son tableau de cette grande bataille, se défendant encore après que son bras droit, déchiqueté à coups de sabre, fut tombé à côté de lui. Pendant que Larrey le pansait à la hâte, Sourd, assis sur une borne, excitait par ses cris les hommes à bien faire ; puis il remonta à cheval, et, le sabre dans la main gauche, la bride entre les dents, il continua à charger. Ses lanciers recueillirent son bras amputé, et l'enterrèrent sur le champ de bataille avec cette poétique inscription :

Au bras le plus vaillant de l'armée!

Le *général* DESSOLES, ancien lieutenant et ami de Moreau, contribua beaucoup, en 1814, à faire prononcer la déchéance de Napoléon. Il commanda en chef la garde nationale de Paris après le désastre de Waterloo, et fut membre du gouvernement provisoire qui précéda la rentrée de Louis XVIII.

Nous prenons ensuite le sentier de Caulaincourt, dont l'entrée est indiquée par un puits près duquel on voit, à droite, un emplacement entouré d'une grille et planté de cyprès : c'est la tombe du *maréchal* NEY (259). On n'y voit aucune inscription ; quelques rosiers seulement indiquent la place où repose le *brave des braves*.

Michel NEY justifia cent fois le glorieux surnom que lui avait donné l'armée tout entière ; mais sa tête, malheureusement, était moins forte que son cœur. Lorsque Napoléon, dont il avait approuvé la déchéance, débarqua en France, il promit à Louis XVIII de ramener *l'usurpateur* dans une cage de fer, et fut l'un des premiers à se jeter dans ses bras. A la rentrée des Bourbons, il fut condamné à mort par la cour des pairs, et mourut comme il avait vécu, en disant aux soldats : « Vive la France ! Camarades, droit au cœur ! » — C'était une nature de fer, âpre à la fatigue, et qui ne devait disparaître que dans le tourbillon d'un champ de bataille. Quand sa physionomie, empreinte de franchise, s'animait tout à coup au choc d'une pensée rapide, le génie rayonnait sur son front puissant. Tout en lui respirait alors l'allure supérieure d'une volonté sûre de se faire obéir.

Il y a des victimes que la postérité contemple avec un immense intérêt, parcequ'elles résument la gloire et les infortunes de leur temps. Ney est une de ces victimes : on peut s'étonner de sa versatilité ; mais on s'incline devant la grandeur de ses derniers moments. Il mourut en héros, laissant un de ces noms qui éblouissent les siècles.

A côté de Ney, nous voyons sur le sentier le sarcophage en pierre du fameux MERLIN *de Thionville*, l'ancien ami de Marat et de Robespierre (258).

MERLIN *de Thionville*, associé à Camille Desmoulins, fonda sous la terreur un journal avec cette épigraphe : « Il n'y a pas de victime plus agréable aux Dieux qu'un roi immolé ! » On le voyait constamment alors avec Saint-Just, Couthon et autres fameux révolutionnaires. A la Convention, il voulut jouer le rôle de Brutus avec l'âme de Marulle, et s'écria un jour : « Qu'on me désigne les dictateurs que je dois poignarder ! » Membre furibond du comité de surveillance, il rêvait toujours conspirations, et fit appeler à la barre Mme Roland, qui le convainquit de folie. Envoyé comme commissaire aux armées, il écrivit à la Convention : « C'est au nom de Louis Capet qu'on égorge nos soldats, et nous apprenons qu'il vit encore ! » Dans les départements où il se promena ensuite, il montra la même exaltation ; mais, dans ce rôle de proconsul révolutionnaire, précédé de la hache de la terreur, il simula la fureur du temps plus qu'il ne l'assouvit. Après la chute de Robespierre, il devint président de la Convention, et demanda la fermeture des clubs, où il avait si souvent péroré.

Les choses humaines, quand de tels caractères s'en mêlent, font éclater de rire !

Merlin de Thionville vota contre le Consulat à vie au conseil des Cinq-Cents, et s'en alla vivre ensuite tranquillement dans ses terres.

En face du tombeau de Merlin se trouve le joli monument en marbre de Mme *Marguerite* de LA ROCHE-DRAGON, *comtesse* DU LEYRIS (282).

Un peu plus loin nous trouvons, à gauche, la chapelle PHILIPPON, dont la campanille élevée se distingue d'assez loin (280).

De la plateforme où est situé ce monument la vue embrasse presque tout Paris et les innombrables communes qui pressent sa ceinture et respirent de son souffle. Devant nous la ville se perd à l'horizon : le géant replie ses coudes derrière les collines qu'il a envahies.

Nous tournons ensuite à droite, et après les tombeaux du comte polonais MALACHOWSKI et du *général* anglais *Sir George* AIREY, nous voyons le petit monument de *Joseph* DACIER, le vétéran de tous les académiciens passés.

Ecrivain agréable et spirituel, *Joseph* DACIER associa dans ses écrits le goût à l'érudition. Il a traduit *Xénophon,* et laissé des travaux remarquables sur l'histoire de France. Il fut académicien pendant soixante et un ans, et mourut âgé de près d'un siècle.

D'ici nous suivons entre les tombes une voie étroite qui passe au pied du monument de Dacier, et nous nous dirigeons vers une petite chapelle au vitrage colorié que nous apercevons à quarante pas environ. Nous passons à côté de cette chapelle, et nous marchons ensuite sur une grande colonne cannelée, en marbre blanc, qui s'élève devant nous. C'est le monument d'*Armand* CAULAINCOURT, *duc de Vicence* (275).

Descendant d'une ancienne et illustre famille de Picardie, *Armand* DE CAULINCOURT fut d'abord aide-de-camp du lieutenant-général marquis de Caulincourt, son père. La révolution arriva ; il fut mis en prison, et en sortit pour devenir troupier dans un régiment de la république. Bonaparte, l'ayant remarqué, en fit son aide-de-camp et son confident. En 1804, il dirigea une des deux troupes qui envahirent nuitamment un pays allié, le duché de Bade, et trempa ainsi, peut-être sans le savoir, dans le guet-apens dont le duc d'Enghien fut victime. Il devint ensuite ministre des affaires étrangères de l'empire, grand-écuyer de l'empereur, duc de Vicence, etc.

Non loin de la colonne de Caulaincourt, nous apercevons un rocher factice surmonté d'un simulacre de télégraphe ; c'est là que repose CHAPPE (274).

La première ligne télégraphique fut établie, d'après les indications de CHAPPE, sur la frontière du Nord, en 1793, et la première nouvelle qu'elle annonça fut celle-ci : « Condé est restitué à la république. » Cet instrument, inconnu des anciens, venait de réaliser le rêve des poètes : il avait donné une voix et des ailes à la victoire. Chappe se noya dans un puits du désespoir qu'il conçut en se voyant contester son invention.

Vis-à-vis du tombeau de Chappe se trouve celui du *général* DUROSNEL (254).

Par ses brillantes charges de cavalerie, DUROSNEL détermina la déroute des Prussiens à Iéna. Il devint aide-de camp de Napoléon, et commanda la garde nationale de Paris pendant les Cent-Jours.

A quelques pas d'ici nous montons à droite un petit sentier qui aboutit à celui de Benjamin Constant. Nous prenons ce dernier sentier à gauche, et nous voyons d'abord, du même côté, le tombeau en granit de *Ludwig* BOERN, poète et patriote allemand. Ce monument est orné d'un buste et d'un bas-relief en bronze.

Nous rencontrons ensuite la sépulture destinée au *comte* POZZO DI BORGO, moteur en 1814 des souverains coalisés contre la France et plus tard ambassadeur de Russie à Paris.

POZZO DI BORGO, compatriote de Napoléon et comme lui d'abord révolutionnaire, ou affectant de l'être, tenta, avec Paoli, de soustraire la Corse à la France, et devint dès lors ennemi mortel de Napoléon. Il passa ensuite au service de Russie, devint aide-de-camp et conseiller intime de l'empereur Alexandre ; traça avec Bernadotte le plan de la campagne des alliés contre la France, et prit une part active aux traités de 1815.

A quelques pas de la sépulture Pozzo di Borgo, nous voyons le monument en forme de tribune de GARNIER-PAGÈS (251). Une souscription nationale a élevé ce monument, qui est en marbre et d'une grande simplicité.

Vis-à-vis du monument de Garnier-Pagès, se trouve celui du *peintre* AUGUSTIN (329). Les traits caractéristiques de cet artiste distingué ont été reproduits par David (d'Angers) dans un médaillon d'une exécution parfaite.

A quelques pas d'ici nous voyons à gauche le monument d'*Etienne* GEOFFROY-SAINT-HILAIRE, l'illustre révélateur de l'Histoire naturelle (250).

Geoffroy-Saint-Hilaire traversa les années sinistres et glorieuses de l a révolution, calme et les yeux fixés sur le rayonnement de la science, dont il fit le soleil de toute sa vie. Toujours enthousiaste pour ce qui était grand, il suivit l'expédition d'Egypte, et rapporta de cette terre antique des matériaux pleins d'intérêt pour l'histoire. Lié à Napoléon comme Aristote à Alexandre, on le vit sous l'empire semer les idées à la suite des armées sur les champs de bataille labourés par les boulets. Non content d'être l'historien des faits de la nature, il voulut en saisir les lois, et remua l'histoire du monde pour la poser sur des bases nouvelles. Plus architecte que sculpteur, il jeta en bloc ses pensées sans se soucier de les polir ; mais le désordre des détails est racheté dans son œuvre par le caractère et les beautés de l'ensemble.

Lorsque la révolution de 1830 éclata, l'archevêque de Paris, regardé comme l'inspirateur des fatales ordonnances, faillit être englouti par les grandes eaux de la révolte qui débordaient comme l'Océan, et n'eut que le temps de se réfugier à la Pitié. parmi les malades. Geoffroy, instruit des dangers qui menaçaient le prélat, courut lui offrir un asile, lui fit revêtir un de ses habillements, et l'amena à la nuit dans sa retraite du Jardin-des-Plantes, où nul ne s'avisa de venir chercher le prince de l'Eglise. En 1793, il avait fait presque la même chose, au péril de sa vie, pour sauver l'abbé Haüy.

Devenu aveugle comme Milton et comme Galilée, Geoffroy ouvrit les yeux de l'âme, et au moment où le déclin de ses forces l'attirait vers la tombe, il remontait par la pensée au berceau de la création du monde.

Devant cette tombe béante, le conventionnel Lakanal vint rappeler, en termes d'une simplicité antique, que cinquante ans auparavant, presque jour pour jour, il avait fait nommer Geoffroy professeur d'histoire naturelle.

Près du tombeau de Geoffroy se trouve le monument de la *comtesse* DEMIDOFF, qui a été transféré ici de l'emplacement qu'il occupait derrière la sépulture du maréchal Mortier dans l'îlot du général Foy. Ce mausolée est tout entier en marbre blanc et d'une exécution admirable. C'est le plus riche du cimetière (249 et 253).

Nous rencontrons ensuite, du même côté, une grande chapelle qui renferme les cendres d'*Antoine* PERRY, époux de la comtesse *Julie* DE PAHLEN (248). A l'intérieur de cette sépulture, dont l'entrée se trouve de l'autre côté, on voit un magnifique bas-relief en marbre, représentant la comtesse Julie agenouillée devant le monument de son mari. Cette touchante allégorie est d'une exécution remarquable.

En face de la sépulture Perry se trouve celle des familles LAPLAGNE et DUPIN, qui renferme M. LACAVE-LAPLAGNE, député et ministre des finances sous Louis-Philippe.

En continuant, nous voyons à gauche la sépulture gothique de la famille *Mahler*, en pierre jaunâtre de Château-Landon. On y lit quelques vers qui expriment de belles pensées, tels que ceux-ci :

> La tombe est un nid où l'âme
> Prend des ailes comme l'oiseau.
>
> En avançant dans notre obscur voyage
> . . . .
> En deux moitiés notre âme se partage,
> Et la meilleure appartient au tombeau.

C'est bien vrai !

Nous laissons ensuite sur la droite une sépulture unique dans son genre (327) qui a été élevée à M. RACINE, directeur des douanes ; puis nous rencontrons, du même côté, le monument de *Michel* GAUDIN, *duc de Gaète*, ministre des finances de l'Empire (326).

En face du monument du duc de Gaète, repose, sous un sarcophage en marbre blanc, le *poète* CAILHASSON, qui, entre autres beaux vers, fit les suivants, qu'on a gravés sur sa tombe :

> Il est un autre ciel et des soleils nouveaux,
> Dont nulle ombre jamais n'obscurcit les flambeaux ;
> Là l'esprit, délivré de sa prison grossière,
> Durant l'éternité s'abreuve de lumière ;
> Là le juste, vainqueur après de longs combats,
> S'entoure de lauriers qui ne périssent pas.

A trente pas environ du tombeau de Cailhasson on aperçoit, sur la gauche, une sépulture surmontée d'un toit de zinc en forme de pavillon chinois. Entre cette sépulture et celle de Denis Poisson, qui se trouve un peu plus bas, on découvre, en y regardant de près, une humble tombe ornée de quelques rosiers, de quatre petits cyprès et d'un grossier entourage de bois. C'est là le *monument* de Mlle CLAIRON, la plus célèbre tragédienne du dix-huitième siècle.

Mlle CLAIRON, dont le vrai nom était *Claire Leyris Delatude*, naquit en 1723, et fut sur la scène française la rivale préférée de Mlle Dumesnil. Elle obt'nt les hommages de tous les poètes de son temps et surtout de Voltaire. A la suite d'une contrariété, elle quitta le théâtre, et devint la favorite d'un petit prince d'Allemagne, le margrave d'Anspach, près duquel elle vécut dix-sept ans. Larive, qu'elle aima, et Mlle Raucourt furent ses élèves.

Denis POISSON, pair de France, dont la sépulture se voit à quelques pas d'ici, fut un savant mathématicien de la célèbre école fondée par La Place.

Nous retournons ensuite sur nos pas, et nous montons, en face du sarcophage de Cailhasson, le sentier de Pariset, à l'entrée duquel se trouve, à gauche, le monument de *Charles* ETIENNE, auteur dramatique et publiciste remarquable (320).

ETIENNE était président de l'Institut à l'époque du retour de Napoléon, et félicita en cette qualité le grand homme tout en lui réclamant les libertés réclamées par l'esprit de la nation. A la seconde restauration, il se fit journaliste, devint député et se consola de n'être plus de l'Institut en faisant des satires spirituelles et mordantes contre ceux qui l'avaient chassé.

En continuant, nous voyons du même côté le sarcophage en marbre noir de la *princesse de* SALM-DICK (322).

Constance DE THEIS débuta par de charmantes poésies, telles que le *Bouton de Rose*, qui lui firent beaucoup de réputation. Elle épousa, en 1789, un *M. Pipelet*, chirurgien-accoucheur, et publia sous ce nom différentes pièces de théâtre. Devenue veuve en 1803, elle épousa un ancien petit souverain d'Allemagne, le prince de *Salm-Dick*, et continua à cultiver les muses.

Vis-à-vis du sarcophage de la princesse de Salm-Dick se trouve le monument du *docteur* PARISET, traducteur des œuvres d'Hippocrate, auteur de travaux sur la peste, que son zèle le porta à aller étudier sur les lieux mêmes où elle sévissait (331).

Au bout de ce sentier, nous voyons à droite une

pyramide qui a été élevée au *général* HUGO, avec cette inscription :

> Trente ans de guerre l'avaient épargné,
> Quatorze ans de paix l'ont tué.

Il y a peut-être là une bonne pensée mal rendue.

Ce général se distingua par un courage chevaleresque et une habileté remarquable dans toutes les guerres de la révolution et de l'Empire; mais son plus beau titre de gloire ne vient pas de ses campagnes : le général Hugo fut le père d'*Abel* et de *Victor Hugo*.

Vis-à-vis de la pyramide du comte Hugo se trouve le monument de *Camille* JORDAN, orné d'un buste en marbre du célèbre orateur (377).

Camille JORDAN embrassa avec ardeur les principes de la révolution; mais lorsque la liberté, cette liberté descendue du ciel, devint une prostituée, une chemise sale et des haillons, il recula avec dégoût, et se demanda si un tel peuple était quelque chose. A la Convention, il défendit avec énergie la ville de Lyon, dénoncée comme un repaire de brigands et d'assassins (c'est ainsi qu'on appelait alors les royalistes), lutta contre les jacobins et fut forcé de s'exiler pour sauver sa tête. Sous la Restauration, il fut député et défendit les libertés publiques. Il mourut pair de France en 1821.

A côté du monument de Camille Jordan on voit sur le sentier la petite chapelle du *général* MORAND, ancien aide-de-camp de l'empereur.

Nous descendons ensuite le sentier de Foy en face de la chapelle Morand, et, après avoir tourné à gauche, nous voyons d'abord la sépulture en marbre de la famille *Brazier* (351). A quelques pas de cette sépulture nous apercevons du sentier, sur la gauche, le monument en marbre blanc du *baron* de VATRY, ancien intendant général des armées navales, ministre

le la marine, etc. (352.) Un peu plus loin nous ren-
lontrons, du même côté, la chapelle sans inscription
le TALBOT DE SAINT-SIMON, parent du fameux
londateur de l'école saint-simonienne. En face de
cette sépulture on voit, du sentier, un modeste mo-
1ument ombragé d'un lilas. Cette pierre et cet ar-
puste recouvrent les restes du *général* NANSOUTY
(332).

Étienne CHAMPION DE NANSOUTY fut l'un des plus brillants généraux de la cavalerie française. Il adhéra un des premiers, en 1814,
à la déchéance de Napoléon, et mourut, en 1815, du chagrin de voir
sa patrie envahie.

Nous trouvons ensuite, sur la droite, le monument
du *statuaire* DUPATY et celui de MERCIER-DUPATY,
de l'Académie française (333), tous deux fils du célèbre *président Dupaty*, dont les travaux sur la ré-
forme des lois criminelles et le courage civique ont
conquis cette glorieuse immortalité réservée aux
amis et aux défenseurs de l'humanité.

Le *sculpteur* DUPATY a laissé des œuvres remarquables dans lesquelles on trouve souvent une audace originale et une profonde étude
de l'antique, telles que la *statue équestre* de la place Royale, la *Vénus
Genitrix* du Jardin-des-Plantes, etc.

L'*académicien* DUPATY a composé un grand nombre d'opéras-
comiques et des vaudevilles. Son poème des *Délateurs*, satire de circonstance qui obtint un immense succès, le fit exiler par l'empereur.
Dans ce temps-là on ne pouvait parler que sous le voile de l'allégorie,
et encore !

En face du monument de Dupaty se trouve celui de
l'immortel GIRODET-TRIOSON, l'un des plus grands
peintres des temps modernes (342).

Les compositions de GIRODET se font remarquer par la beauté du coloris, l'harmonie des couleurs et la transparence des formes. Parmi ses nombreux chefs-d'œuvre, on cite *Endymion endormi*, *l'Enterrement d'Atala* et surtout une *Scène du Déluge*.

Nous voyons ensuite sur la gauche, avant d'arriver au général Foy, la tombe en marbre de *Stanislas* GIRARDIN (337).

Député à l'assemblée de 1791, GIRARDIN vota pour le mariage des prêtres et pour la suppression des titres de *sire* et de *majesté*. Il demanda ensuite la mise en accusation des ministres, et s'opposa aux poursuites contre Marat. Elu président de cette assemblée, il reçut Louis XVI lorsque ce prince se rendit à la séance où les députés jurèrent le maintien de la monarchie, qu'ils se disposaient à renverser. Il disparut ensuite de la scène politique, et se retrouva au tribunat, en 1799, avec Benjamin Constant, son ennemi intime. En 1814, il se prononça des premiers pour le retour des Bourbons, qui récompensèrent mal son empressement. Nommé préfet et élu député en 1819, il siégea à la gauche de la chambre, fut destitué et devint orateur libéral. Ses funérailles, en 1827, attirèrent un concours immense, et le monument que nous voyons ici fut élevé par souscription.

Nous voici devant le monument du général Foy (336).

Maximilien FOY fut soldat à quinze ans et général à vingt-cinq. Il commanda en chef l'armée d'Espagne après la bataille de Salamanque, et reçut sa quinzième blessure à Waterloo. Il donna son adhésion à la chute de Napoléon, et fut créé comte par Louis XVIII. Nommé député en 1819, il développa à la tribune un talent qu'on était loin de soupçonner, et lutta sans relâche contre les tendances rétrogrades de la Restauration. Il mourut très pauvre en 1825.

Derrière le monument de Foy on voit celui de DAUNOU, en granit et orné d'un médaillon de bronze.

DAUNOU était oratorien avant la révolution, et devint grand-vicaire

d'Arras après la dissolution de son ordre. Élu à l'assemblée de 1791,
il rédigea la fameuse constitution de l'an III, qui vécut ce que vivent
les roses. En 1792 il ne voulut pas se couvrir du sang de Louis XVI,
qu'il jugeait coupab'e : il s'arrêta devant cette redoutable question qui
fait hésiter l'histoire et tremb'er l'humanité. Incarcéré par suite de son
vote, il fut sauvé par la chute de Robespierre, et devint en 1795 président de cette assemblée de sombre et puissante mémoire, qui se repo-
sait comme le vieux Saturne après avoir dévoré ses enfants. Il alla
ensuite à Rome organiser la nouvelle république italienne, et en revint
pour présider le conseil des Cinq-Cents, où il avait été envoyé par
vingt-sept départements. La république qui lui convenait n'était pas le
triomphe d'une plèbe ignorante sur le génie du reste de la nation ;
c'était la répartition équitable de tous les droits entre toutes les classes.
Il vit avec douleur le 18 brumaire, qui sauvait un jour en perdant un
siècle, n'approuva pas cette humiliante tutelle qui enchaînait la nation
sous prétexte de la guider. et quitta la vie politique pour la présidence
de l'Inst'tut. Il a laissé une *Histoire des progrès de l'esprit humain :*
mais son plus beau titre à l'immortalité est d'avoir proposé la création
de l'Institut.

En face du monument de Foy, on voit le sarcophage en marbre blanc de M. DEVAUX, ancien député du Cher et conseiller d'Etat (330).

On voit encore en face du monument de Foy (sur
le sentier de Benjamin Constant) le tombeau du
cé'èbre ami de Mme Récamier, du grand orateur de
l'opposition libérale, de *Benjamin* CONSTANT, enfin. Ce monument se compose d'une petite pierre
portant une inscription presque effacée déjà (255).

Benjamin CONSTANT, ami de Lafayette, vota au tribunal pour la
liberté de la presse, et cette indépendance le rendit odieux à Bonaparte,
qui l'exila en Allemagne, d'où il revint en 1814. En apprenant le dé-
barquement de Napoléon en 1815, il emprunta à l'antiquité ses accents
les plus tragiques pour élever la réprobation contre *l'usurpateur* à la
hauteur de l'histoire et du péril public ; il parla alors de mourir sur

son banc de député; mais, entre la conviction qui s'exalte pour un principe et l'action qui l'accomplit, il y a toujours place pour un peu d'égoïsme. Malgré sa protestation toute romaine, Benjamin Constant se laissa nommer conseiller d'État par Napoléon. Il essaya alors ce tour de force impossible de lier le grand homme par une constitution, et composa avec lui le fameux *Acte additionnel* de 1815, où le despotisme le mieux conditionné se déguisait sous des apparences pompeuses. Après Waterloo et jusqu'à la fin de sa carrière, Benjamin Constant se montra un des plus zélés défenseurs des libertés publiques; en 1830 il fut un instant président du conseil d'État.

L'amour, ce sentiment qui scelle les fiançailles de la terre et des cieux, enchaîna Benjamin Constant à la célèbre et gracieuse *madame Récamier*. Inspiré par le génie de cette femme et par celui de *madame de Staël*, il a composé de nombreux écrits politiques qui resteront comme des modèles d'éloquence.

A côté du tombeau de Benjamin Constant se trouve celui du *journaliste* DULONG (253).

DULONG n'était pas de ces littérateurs éhontés qui trempent chaque matin leur plume dans le sang des victimes pour écrire des libelles en l'honneur des bourreaux. Homme de conviction avant tout, il ne fit jamais de son talent métier et marchandise; merveilleusement doué pour les vives manœuvres de la polémique, il imprimait à ses productions le cachet de son imagination ardente et originale. Il fut tué en duel par le maréchal Bugeaud, dont il avait discuté sans ménagement les actes et le caractère.

Dulong, quoique brillant écrivain n'a laissé qu'un nom et point d'œuvres; le journal fait grand bruit, mais c'est le bruit du jour; le soir l'éteint, et la nuit l'emporte.

Retournons d'ici sur nos pas, et prenons à droite le sentier de Ney, qui fait suite à celui de Foy.

Derrière une croix de pierre que nous rencontrons à gauche, au centre de la sépulture *Héricart de Thury*, on voit du sentier le tombeau du *général* SOULÈS, ancien commandant de la garde consulaire à Marengo, et celui de PARENT-RÉAL, membre des Cinq-Cents, député, etc.

Sur l'autre côté du sentier, nous voyons, en face d'ici, le modeste sarcophage du *général* LOVERDO, ancien gouverneur général de l'Algérie (257).

Le *général* LOVERDO vota en 1814 la déchéance de Napoléon, fut placé sous 'a surveillance de la police pendant les Cent-Jours, et après Waterloo fit arborer le drapeau blanc dans le midi, où il se trouvait. Il prit part à l'expédition d'Alger en 1830, et succéda au maréchal Bourmont dans le commandement en chef.

En continuant, nous trouvons, sur la droite, un sarcophage en marbre blanc et orné d'un médaillon : c'est le tombeau d'un Espagnol, mort en 1852. En face de ce sarcophage se trouve le monument du *comte* DE PFEFFEL, ambassadeur de Bavière. Nous passons à côté de ce petit chef-d'œuvre de goût et de légèreté pour arriver près des trois colonnes groupées qui se voient derrière lui. Ces trois colonnes composent le monument des frères LAMETH (345).

Les trois frères LAMETH embrassèrent avec ardeur la cause de la révolution, et furent élus tous les trois membres de l'assemblée de 1791. Tous les trois aussi furent lieutenants-généraux.

Charles LAMETH, l'aîné, ayant été provoqué par le duc de Castries, se battit en duel avec lui, fut blessé, et le lendemain le peuple saccagea l'hôtel du duc. Il fut élevé ensuite à la présidence, descendit du fauteuil pour aller en prison, fut sauvé par son frère Théodore, et se réfugia à l'étranger quand il vit la terreur prendre la place de la liberté.

Alexandre LAMETH présida, après son frère, l'assemblée constituante, devint l'ami de Louis XVI après le retour de Varennes, tout en restant fidèle aux principes de la révolution, contribua à la chute de l'empereur, fut nommé pair de France par Louis XVIII en 1814, et devint député de l'opposition sous la seconde restauration.

Quant à *Théodore* LAMETH, âgé de près de cent ans aujourd'hui, nous attendrons pour en parler qu'il ait rejoint ses deux frères.

Derrière le monument des frères Lameth on voit celui de MANUEL, qui n'a de remarquable que ses proportions colossales (346).

MANUEL fut sous la Restauration un des plus célèbres et des plus courageux défenseurs des libertés françaises. Élu député par trois départements en 1818, il prit avec chaleur la défense de la révolution contre ceux qui en calomniaient les principes. Cette audace le fit expulser par la majorité. Son convoi donna lieu à une éclatante manifestation de l'opinion publique, et fut suivi par plus de cent mille personnes.

Nous nous dirigeons d'ici vers l'espèce de tour ornée de compas et de gerbes de blé qui s'élève dernière Manuel. Nous passons ensuite derrière les trois colonnes de la sépulture *Garnier*, et tout à côté de cette sépulture nous voyons à nos pieds une tombe en marbre, noircie par le temps, et entourée d'une grille fort simple ; c'est là que repose *Paul* BARRAS, un des hommes les plus célèbres de l'histoire contemporaine.

Paul BARRAS, d'une antique maison de Provence, né avec le titre de comte et parent du duc de Blacas, le fidèle ministre et le compagnon d'exil de Louis XVIII, vota la mort de Louis XVI par cet entraînement qui emporte les hommes dans le torrent des révolutions ; commanda toutes les forces de la Convention contre les sections révoltées, cerna Robespierre avec tous ses partisans à l'Hôtel-de-Ville, les fit prisonniers et rentra avec eux à la Convention ; devint ensuite directeur de fait du Directoire exécutif ; protégea Joséphine Beauharnais et la maria avec Bonaparte, dont il fit en même temps la fortune, fut renversé par ce soldat qu'il avait élevé, et devint l'ennemi du destructeur de la république, dont il contribua à faire prononcer la déchéance en 1814. Odieux aux Bourbons comme régicide, il s'enveloppa, sous la Restauration, de son obscurité comme d'un vêtement historique qui sied aux vaincus et qu'on ne dépouille que pour revêtir le linceul.

Près de la tombe de Barras on voit le sarcophage du *général* BRAYER, pair de France, et l'un des légataires de l'empereur.

Le *général* BRAYER commandait à Lyon lors du retour de Napoléon, et au lieu de le combattre il prit le commandement de son avant-garde. Compris en 1815 sur la même liste que Ney et Labédoyère, il se sauva en Prusse, où il apprit sa condamnation à mort, et passa de là en Amérique, où il devint général en chef des troupes de Buenos-Ayres. Ayant été amnistié, il vint chercher un tombeau dans sa patrie.

Devant le monument du général Brayer on voit la sépulture du *maréchal* MORTIER, *duc de Trévise* (344). La duchesse de Trévise repose dans cette chapelle à côté du cœur de son mari. Le corps du maréchal a été enterré aux Invalides.

A gauche de la sépulture Mortier se trouvent placés sur une même ligne :

Le *conventionnel* GOSSUIN, *Joseph* GOSSUIN, député à l'Assemblée constituante, et le *général* HAXO.

Le *général* HAXO, ancien aide-de-camp de l'empereur, fut nommé à la seconde Restauration membre du conseil de guerre, chargé de juger le général Lefebvre-Desnouettes, son ancien ami et compagnon d'armes, et il opina pour la mort. Le général Haxo cependant était brave ; mais le courage de certains hommes est bien plus dans leur bras que dans leur cœur, et souvent les événements qu'ils ont combattus la veille n'ont pas de plus fervents défenseurs le lendemain.

Entre le monument du général Haxo et la chapelle Mortier on voit le petit sarcophage en marbre blanc du *général* ORDENER et de son épouse. C'est le général Ordener en personne qui arrêta le duc d'Enghien dans le duché de Bade ; cette *expédition* nocturne n'est pas ce qui honore le plus sa mémoire.

A côté du tombeau d'Ordener se trouve celui du *baron* FAUCHET, ancien préfet et ambassadeur.

Derrière la chapelle Mortier se trouvait naguère le magnifique mausolée de la *comtesse* DEMIDOFF (353). On l'a enlevé pour le placer près du tombeau de Geoffroy Saint-Hilaire, sur le sentier de Benjamin Constant.

A dix pas environ, derrière la pyramide du général HAXO, on voit le tombeau de M. ROUSSEAU, pair de France. Au milieu de l'emplacement occupé par ce monument, on voit un buste en bronze que le troisième arrondissement de Paris a érigé à cet honorable magistrat.

Passons derrière ce monument, et dirigeons-nous ensuite à droite vers la chapelle Morainville. En suivant cette direction tracée entre les tombes, nous laissons à droite le sarcophage en pierre du *général* GUILLEMINOT (360).

Ce général, Belge d'origine, commanda les premiers insurgés de son pays contre l'Autriche, et servit Napoléon, dont il vota la déchéance eu 1814. Sous la Restauration il fut longtemps ambassadeur en Belgique.

En continuant, nous trouvons le sentier de Cambacérès. Avant de descendre ce sentier, à droite, disons deux mots de ce qui se trouve de remarquable sur la partie que nous ne visitons pas (*).

C'est d'abord, à droite, la sépulture de la famille *Boode*, puis un peu plus loin, du même côté, le sarcophage en marbre du *maréchal* espagnol DON ALVARES DE OLIVIERA. Derrière ce monument se trouve celui du *marquis* GARNIER, ancien ministre et pair de France (379).

Le *marquis* GARNIER, ancien secrétaire de Mme Adélaïde, tante de Louis XVI (et tout bonnement alors le *sieur* Germain Garnier), s'expatria en 1792, et revint en France après le 18 brumaire pour s'attacher à Bonaparte qui le fit sénateur, comte, puis, en 1800, président du sénat. Dans cette position le *comte* Garnier se distingua par le lyrisme de son enthousiasme pour l'empereur, et c'était bien naturel; mais lorsque le sénat, ce corps qui représentait si bien les vices de la nation affaissée sous le despotisme, l'adoration du succès et l'infidélité au malheur, eut voté sa propre abjection en dégradant l'empereur. Garnier se précipita vers le nouveau maître avec plus d'empressement que de pudeur. Il fut un des auteurs de la charte de 1814, devint ir de France, ministre, académicien, etc., et changea son titre de comte, qui lui venait de l'*usurpateur*, contre celui de marquis. — Marquis Garnier! — Littérateur de mérite, au reste, ayant la tête admirablement meublée en connaissances historiques, et traducteur des œuvres d'*Adam Smith*.

Sur le même point on voit, de l'autre côté, la pyramide de l'amiral Ver-Huel (358).

L'*amiral* VER-HUEL combattit glorieusement contre l'amiral Keith dans la Manche, en 1803. Il devint ensuite ministre de la marine de Hollande, puis maréchal de Hollande, en 1806; et, après la réunion de son pays à la France, commanda les forces navales dans la mer du Nord.

(*) On peut faire si l'on veut cette excursion d'une cinquantaine de pas environ et revenir au point où nous sommes.

En descendant le sentier de Cambacérès, nous rencontrons, à gauche, près de la chapelle *Morainville* et derrière le tombeau de M. *Frédéric* WEYLAND, ministre de Saxe-Weimar, un monument assez élevé et tout chargé d'inscriptions tirées de S. Paul : c'est le tombeau du *pasteur* RABAUT, frère du fameux girondin RABAUT SAINT-ETIENNE. A vingt pas environ, derrière ce monument, on voit deux petites pyramides en marbre blanc, dont l'une indique la tombe de la célèbre Mme COTTIN, auteur de romans où l'on trouve beaucoup de sensibilité unie à une grande profondeur de jugement et à un style enchanteur.

Observons en passant que toute cette partie à notre gauche est particulièrement consacrée aux sépultures protestantes.

Nous rencontrons ensuite sur le sentier le monument de CAMBACÉRÈS (389).

En 1789, CAMBACÉRÈS commença à se faire remarquer par son ardeur révolutionnaire. A la Convention, il devint membre du fameux *comité de salut public*, et sollicita la création du tribunal révolutionnaire. Il fut cependant plus terroriste de langage que de cœur et de main. Il porta à Louis XVI, au Temple, le décret qui permettait à ce prince de se choisir un défenseur ; observa un prudent silence pendant la terreur, et, après le 18 brumaire, s'attacha à Bonaparte, qui le fit successivement second consul, duc de Parme, archi-chancelier et prince de l'empire. Il exerça une grande influence sur tous les actes de Napoléon, dont il conserva pendant quatorze ans la confiance. On le considère, avec raison, comme le fondateur du Code civil.

Exilé en 1815, il revint en France en 1818, et vécut dans la retraite jusqu'à sa mort.

Cambacérès eut quelques-uns des travers de l'antiquité, et particulièrement celui du Romain *Parthénius*. Humain et savant, du reste,
et doué d'un esprit ferme du gouvernement.

Après avoir dépassé le monument de Cambacérès
et la tombe du *baron* DE SALZIEU, ancien colonel
des marins de la garde, qui l'avoisine, nous prenons
à gauche un petit passage qui conduit au tombeau
du *maréchal* BEURNONVILLE , situé à quelques
pas (386).

Paul RIEL, *comte* DE BEURNONVILLE, général d'une valeur célèbre dans les armées de la république. et surnommé, par Dumouriez,
l'*Ajax français*, fut ministre de la guerre en 1793, et lutta contre les
jacobins, qui voulaient sa tête. Envoyé en Belgique pour réprimer la
défection de Dumouriez, son ami et son ancien chef, il fut arrêté par
lui et livré aux Autrichiens, qui l'enfermèrent pendant quatre ans dans
les prisons d'Olmutz. Après la chute de Robespierre, il fut échangé
contre la fille de Louis XVI. En 1814, il se prononça hautement pour
la déchéance de Napoléon, et fut membre du conseil qui gouverna la
France entre la chute de l'empire et le retour des Bourbons. Louis XVIII
le fit successivement pair et maréchal de France.

En suivant la même direction entre les tombes,
nous arrivons devant le beau monument du comte
Edmond BOURKE , ambassadeur de Danemarck à
Paris. Près de ce monument se trouve une petite
pierre ornée de l'alphabet des sourds-muets et portant le nom vénéré de l'*abbé* SICARD (397).

Ambroise SICARD fut du petit nombre de ceux qui naissent pour le
bonheur de leurs semblables. Il se montra le digne successeur de
l'*abbé de l'Épée*, et perfectionna l'ingénieuse méthode qui, au moyen
de signes, fait entendre les sourds et parler les muets. Il consacra sa
vie, son intelligence et sa fortune au bien-être de ses élèves. Pendant
qu'il achevait de vivre et que son âme prenait son essor sur les ailes

de la prière, les infortunés qu'il avait initiés à la vie intellectuelle, rangés autour de lui, contemplaient dans un douloureux recueillement ce spectacle d'un juste qui s'en va de ce monde. Il s'éteignit, au milieu d'eux, à l'âge de quatre-vingts ans, en 1822.

Au dessus du tombeau de l'abbé Sicard, à quinze pas environ et à droite, on voit une pyramide droite en marbre blanc : c'est le monument de *François* HUE, premier valet de chambre de Louis XVI.

François HUE s'honora par sa fidélité inaltérable et son dévouement à la famil'e royale aux jours de l'adversité. Il ouvrit les portes de la chambre de Louis XVI le 20 juin 1792, et se tint à côté du roi, pour le couvrir au besoin, pendant le défilé du peuple. Resté aux Tuileries après le départ de Louis XVI, le 10 août suivant, il n'échappa au massacre qu'en se jetant par une fenêtre dans le jardin, et de là dans la Seine. Il alla ensuite avec Louis XVI à la tour du Temple; mais il en fut bientôt expulsé par le commissaire Louis Véron, que la commune envoya pour resserrer les liens des captifs.

A quelques pas du monument de François Hue, et à côté de celui de la dame *Jauvin*, une simple pierre précédée de deux cyprès, sans entourage, et presque cachée sous l'herbe, recouvre les restes d'un Hollandais célèbre par ses voyages et ses importants travaux : *Isaac* TITSINGH, ancien gouverneur des Indes hollandaises, ambassadeur en Chine et au Japon, etc.

Nous regagnons d'ici le sentier de Cambacérès, sur lequel nous voyons à gauche, après quelques pas, le monument de l'*amiral* DECRÈS (387).

Denis DECRÊS, l'un des amiraux les plus illustres de la république et de l'emp re, commandait le *Guillaume Tell* à la bataille d'Aboukir, se fit sauter avec son vaisseau, et fut repêché par les Ang'ais, qui le gardèrent prisonnier. Ministre de la marine pendant treize ans, sous

Napoléon, il construisit près de deux cents vaisseaux ou frégates, et fit creuser le port de Cherbourg. Sa préoccupation constante fut d'aller au devant des moindres caprices de l'empereur. Les esclaves volontaires, dit Tacite, font plus de tyrans que les tyrans ne font d'esclaves. Cette soumission trop servile fut assez mal récompensée ; car, seul de tous les ministres de Napoléon, Decrès ne fut pas doté d'un duché *in partibus* en Italie. En 1820, il périt par l'explosion d'un amas de poudre caché dans son matelas ; il fut lancé au plancher et retomba tout brisé. Cette catastrophe, qui rappelle celle du Guillaume Tell, n'a jamais été éclaircie.

En face du monument de Decrès, on voit, à six pas du sentier, celui du *général* BALLESTÉROS, ancien ministre de la guerre et général en chef des armées d'Espagne. Ce monument se compose d'un petit piédestal en marbre, surmonté d'un buste en bronze (61).

Le *général* BALLESTÉROS fit la guerre aux Français en Espagne, contesta à Wellington le commandement en chef des armées de son pays, devint ensuite généralissime et ministre de la guerre sous Ferdinand VII, et vint finir ses jours dans l'exil à Paris.

Au bout du sentier de Cambacérès nous prenons à gauche celui d'Albuféra pour retourner sur l'avenue du Midi. Cette avenue, que nous continuons à monter, nous offre d'abord à gauche, le monument en marbre de *Pierre* DELANNEAU, fondateur du collége Sainte-Barbe. Le buste du célèbre professeur se trouve dans une niche sous laquelle on lit que ce monument a été élevé à Pierre Delanneau par ses élèves reconnaissants.

DELANNEAU était religieux théatin et principal du collége de Tulle, à l'époque de la révolution. Il vint à Autun après la destruction de son ordre, fut élu maire de cette ville et envoyé ensuite à l'Assemblée législative. Il se retira de la scène politique lorsque cette assemblée fit place à la Convention. Les bâtiments de l'ancien collége Sainte-Barbe ayant été confisqués et mis en vente comme biens nationaux, Delanneau les acheta de ses deniers, et entreprit seul de les rendre à leur destination primitive. Il y réussit si bien qu'au bout de quelques années cet établissement, peuplé de six cents élèves, rivalisait avec les plus célèbres lycées de Paris.

Le sentier de Chagot, que nous rencontrons ensuite sur la droite conduit au tombeau de **VOLNEY**, qui se trouve après l'immense pyramide de la famille *Bouillat*, derrière une sépulture ornée de deux grands vases de fleurs. Le monument de Volney est fort simple : c'est une petite pyramide de pierre entourée seulement d'une bordure de buis.

VOLNEY fut simplement un des plus profonds génies de notre époque. Doué d'une infatigable activité, il parcourut à pied l'Egypte et la Syrie, où il fit d'admirables découvertes, et sa relation servit, plus tard, de guide à l'armée française dans la campagne d'Egypte. A sa rentrée en France, il fut élu aux Etats-Généraux, où il travailla à fonder le nouvel édifice social sur les bases de la justice et de la liberté. Il publia ensuite *les Ruines*, ce livre sceptique comme les débris dont l'écroulement de la royauté avait semé le monde. La terreur vint, et il fut incarcéré pendant près de deux ans. Il s'opposa constamment aux vues ambitieuses de Napoléon, qui le nomma cependant sénateur sous le consulat, et ne voulut pas accepter sa démission lors de la proclamation de l'empire. Nommé pair de France par la restauration, il défendit pied à pied les libertés publiques, et mourut en 1820. Ses ouvrages immortels, où l'on trouve les grandeurs et les beautés sauvages d'un élément primitif, ont été traduits dans toutes les langues.

Après le sentier de Chagot, nous rencontrons à droite, sur l'avenue du midi, l'obélisque en marbre blanc du *général* PACTHOD (43°).

En face du monument de Pacthod, nous voyons

sur un piédestal le buste en bronze du naturaliste *Pierre* LATREILLE (403).

Les travaux lumineux de ce savant continuateur de Buffon ont considérablement agrandi le domaine de l'histoire naturelle. Il a laissé une curieuse *Histoire des insectes,* un *Dictionnaire d'histoire naturelle,* etc.

Derrière le monument de Latreille, se trouve celui du *comte* de WATTERSTORF, ancien général en chef des armées danoises, mort ambassadeur à Paris en 1820. Ce monument, qui se voit de l'avenue, est orné d'un bas-relief en marbre.

Près du monument de Latreille, on voit encore celui de M. TURPIN, de l'Institut, autre savant professeur d'histoire naturelle (401).

Nous rencontrons ensuite, sur la droite, une pyramide en granit noir, élevée à la mémoire de LASNÉ, dernier gardien du fils de Louis XVI, à la tour du Temple (438).

Après le monument de Lasné, nous trouvons celui de l'*amiral* TRUGUET (437). Ce monument se compose d'une belle colonne ornée d'inscriptions, de trophées maritimes et surmontée d'un globe.

TRUGUET sauva la vie au comte d'Estaing à la malheureuse affaire de Savannah, en 1782, et parvint, sous Louis XVI, au grade de vice-amiral. Il fut ministre de la marine sous le Directoire, eut peu à se louer de Napoléon, qui préféra employer des amiraux moins capables que Truguet dont il avait été l'inférieur, et fut exilé par lui dans le gouvernement de Hollande, où il se trouvait lors du soulèvement de ce pays, en 1813. A sa rentrée en France, il reçut du roi Louis XVIII la mission d'empêcher l'entrée des Prussiens à Brest, et les força à rétrograder par l'énergie de ses préparatifs de défense.

Nous prenons ensuite le sentier de Molière, qui se trouve à gauche, en face de la sépulture *Colmar*. Après avoir dépassé la borne qui se trouve à l'entrée de ce sentier, nous voyons à quelques pas, sur la gauche, le tombeau d'*Antoine* PARMENTIER, chimiste et philanthrope, qui importa le premier la pomme de terre en France, et dont tous les moments furent consacrés au bonheur et aux besoins de ses semblables (381).

Nous tournons ensuite à droite ; nous voyons en passant la sépulture *Leroy*, qui est surmontée d'une statue allégorique en marbre blanc, et nous arrivons devant le tombeau de MOLIÈRE, qui se trouve à droite, près de celui de LA FONTAINE (369, 370).

MOLIÈRE (*Jean-Baptiste* POQUELIN), le père et le créateur de la comédie française, le plus grand peintre de mœurs de l'antiquité et des temps modernes, naquit dans l'échoppe d'un fripier, en 1622. Dans ses ouvrages immortels, que tout le monde connaît, les vices et les ridicules sont exposés, comme sur une grande route, pour servir d'exemple. Il mourut de la poitrine à cinquante-trois ans, et fut enterré à l'ancien cimetière Saint-Joseph, rue Montmartre. En 1792, ses restes furent exhumés, placés sous un monument (car il n'en avait pas) et transportés au Musée des monuments français, d'où ils ont été transférés ici.

Jean DE LAFONTAINE entra dans la vie sans y songer, en 1624, vécut de même et s'immortalisa, également sans y songer, par une foule d'ingénieux apologues qui tous renferment une excellente morale ornée des charmes d'une poésie inimitable de naturel. Il faut dire cependant que le *bonhomme*, comme on l'appelait, paraît avoir un peu pillé *Esope*, qui lui-même avait pillé l'Indien *Pilpaï*, contemporain d'Abraham. Les *Contes de Lafontaine*, dont la naïveté rachète la licence, ont aussi beaucoup contribué à l'illustration de leur auteur.

En face du monument de Molière, on voit le tombeau en marbre d'un héros de l'humanité, l'intrépide PAILLETTE, qui fut successivement décoré de huit médailles d'or ou d'argent et de la croix d'honneur, pour avoir sauvé du feu ou des flots plus de cent personnes. Les concitoyens de ce digne marin lui avaient donné un titre plus glorieux que celui de chevalier : ils l'appelaient *le sauveur d'hommes!*

Après le monument de Lafontaine, nous trouvons celui d'ANDRYANE DE LA CHAPELLE, député et littérateur.

Sur le même point on voit à gauche le monument d'une Polonaise exilée par l'empereur Nicolas : *Clémentine* HOFFMANOWEY, auteur de nombreux ouvrages dont la Pologne est justement fière.

Vis-à-vis du monument de l'héroïque Polonaise, on voit sur un piédestal de granit le buste du sieur SAVART, fabricant de bronze aussi honorable que maigre, comme l'indiquent son épitaphe et son portrait.

Quelques pas plus loin, nous voyons le monument du poète espagnol *Don Fernandez* MORATIN, surnommé le *Molière de l'Espagne.*

MORATIN fut patroné d'abord par le prince de la Paix, qui l'envoya visiter les théâtres de l'Europe. Il devint ensuite secrétaire du roi Joseph, dut quitter l'Espagne à la rentrée de Ferdinand VII, et vint à Paris, où il acheva de traduire les œuvres de Molière, son modèle. La mort le surprit dans cette ville, au moment où il terminait une histoire de l'art dramatique en Espagne.

Derrière le tombeau de Moratin, on trouve celui

du *cardinal* Alphonse de LATIER-BAYANE, duc et pair de France.

Nommé sénateur sous l'empire, le *cardinal* DE BAYANE vota avec empressement la déchéance de l'Empereur en 1814, fut nommé pair de France par Louis XVIII, chanta le *Te Deum* au Champ-de-Mai lors du retour de Napoléon, fut *renommé* pair de France en 1815, se récusa dans le procès de Ney, et mourut en 1818. Orateur un peu sentencieux, et, à force de viser à la profondeur, n'arrivant parfois qu'à une profonde obscurité.

Nous voyons ensuite, du même côté, la pyramide en marbre blanc du célèbre LA PLACE (364).

Fils d'un simple paysan, *Pierre* LAPLACE étonna de bonne heure par son enthousiasme pour la découverte des secrets de la nature. Il arriva seul au premier rang des astronomes, des mathématiciens, des chimistes et des physiciens modernes, et ouvrit la voie à Gay-Lussac et à Arago. Bonaparte le nomma ministre de l'Intérieur après le 18 brumaire, et ensuite président du Sénat. En 1814, il vota la déchéance de l'empereur, et fut nommé par Louis XVIII marquis, pair de France et grand'croix de la Légion-d'Honneur. Il y avait déjà longtemps que sa célèbre *Théorie du mouvement des planètes,* son *Traité de mécanique céleste* et son *Exposition du système du monde* l'avaient fait nommer membre de toutes les Académies de l'Europe.

Derrière le monument de La Place, on voit celui du *comte d'*ABOVILLE, général d'artillerie et pair de France (365).

Le *général* D'ABOVILLE assista à la bataille de Fontenoy, en 1745, fut nommé sénateur sous l'empire ; vota la déchéance de Napoléon, en 1814 ; fut sommé par les bonapartistes de leur livrer l'arsenal de La Fère, en 1815, refusa net, et mourut deux ans après, à l'âge de quatre-vingt-sept ans.

Au pied du monument de La Place, on voit la tombe de *Manuel* GARCIA, auteur et compositeur de mérite, père de Mme Malibran et de Mme Viardot.

Nous montons ensuite à droite le sentier de Valence, qui nous offre d'abord, à quelques pas sur le côté droit, le monument du *peintre* GROS (371).

Elève de David, et plus tard son émule, GROS a laissé de nombreux ouvrages, où l'on trouve un coloris comparable à celui de Rubens. Ses principaux chefs-d'œuvre sont les *Pestiférés de Jaffa*, l'*Entrevue de François Ier et de Charles-Quint*, et la magnifique *Coupole du Panthéon*.

Un peu plus haut, sur la gauche, et vis-à-vis d'un grand obélisque dont nous nous occuperons plus tard, on trouve le monument du *général* COMTE DE VALENCE (316).

Cyrus DE THIMBRUNE, *comte* DE VALENCE, se déclara avec enthousiasme pour les principes de la révolution, et fut élu aux Etats-Généraux, en 1789. Il se précipita bientôt après à la frontière, et étonna les ennemis même par l'habileté de ses manœuvres et sa rare intrépidité. Héros antique par la figure, par la stature et par le bras, il maniait la cavalerie avec audace, et frappait à la fois par une ardeur d'ambition qui devançait sa renommée et par une confiance en lui-même qui était la foi de son mérite. L'intelligence, la bonté et le courage ruisselaient de ses yeux sur ses traits, et lui gagnaient tous les cœurs. Il épousa la fille de Mme de Genlis, et semblait appelé à de magnifiques destinées lorsque la défection de Dumouriez le fit mettre hors la loi comme complice. Rentré plus tard en France, il se signala encore dans plusieurs campagnes, se retira criblé de blessures, et fut fait sénateur. Sous la première Restauration, il fut nommé pair de France, reçut le même titre de Napoléon pendant les Cent-Jours, le perdit à la seconde Restauration, le recouvra en 1819 et mourut en 1820.

Mme de GENLIS, belle-mère du général de Valence, repose dans le même îlot à vingt pas plus bas environ. On se dirige vers son sarcophage par un étroit sentier que les pas des visiteurs ont tracé entre les tombes (315).

Stéphanie DE SAINT-AUBIN, dite *la chanoinesse de Lancy*, naquit en 1746, et se maria à dix-sept ans, au comte DE GENLIS Bientôt après son mariage, elle devint la maîtresse du duc d'Orléans et l'institutrice des enfants de ce prince, double scandale contre lequel la duchesse irritée protesta avec éclat. Quant au duc, il s'obstina, et l'avenir lui donna raison, du moins sous un rapport; car les élèves de Mme de Genlis furent des hommes supérieurs. Jamais femme ne confondit si bien en elle l'intrigue et la vertu, et n'associa une situation plus équivoque à des préceptes plus austères. El e se lia, sous la révolution, avec Danton, Robespierre, Roland et Brissot, émigra sous la terreur, revint en France sous le consulat, fut ensuite comblée de soins par Louis-Philippe, son ancien élève, et mourut en 1830. Jusqu'à la fin de sa vie, elle écrivit des romans qui prouvent la fertilité de son imagination. Son mari était monté sur l'échafaud des Girondins en décorant sa mémoire de son vote contre la mort de Louis XVI. Une fille que Mme de Genlis avait eue du duc d'Orléans épousa le malheureux *lord Edward Fitz-Gérald.*

Au bout du sentier de Valence, nous prenons à droite l'avenue de l'Est, sur laquelle nous voyons, après quelques pas, la face principale du grand obélisque près duquel nous sommes passés tout à l'heure (372). Cet obélisque est surmonté d'une étoile dorée, et porte une inscription en grandes lettres de bronze destinée à apprendre aux générations futures que *M. François* GÉMONT est inhumé là avec son épouse et ses deux enfants. Au dessus de cette inscription est un grand médaillon en bronze représentant Mlle *Cornélie Gémont.*

De l'autre côté de l'avenue, en face de la pyramide Gémont, se trouve le sarcophage du célèbre *abbé* DE PRADT, ancien archevêque de Malines (422).

Grand-vicaire de Paris à la révolution, l'*abbé* DE PRADT fut élu député du clergé aux Etats-Généraux, en 1789, et s'opposa à la destruction des priviléges de son ordre. Il alla ensuite à Hambourg, où il publia ses premiers *Traités politiques*, revint en France sous le consulat, fut nommé grand-aumônier de Napoléon, assista en cette qualité à son sacre, reçut une dotation de quarante mille francs, et fut fait évêque de Poitiers, puis archevêque de Malines. En 1814, il contribua à la déchéance de Napoléon par un discours où l'abjection se cachait sous la pompe des paroles : c'était l'impudeur colorant la lâcheté. Sous la première Restauration, il fut fait grand-chancelier de la Légion-d'Honneur, et après les Cent-Jours, quand le grand homme fut parti pour Sainte-Hélène, il publia contre lui une brochure pleine d'invectives, imitant ainsi jusqu'au bout le poëte latin *Martial*, qui fit un dieu de Domitien pendant le règne de cet empereur, et le peignit comme un monstre après sa mort. L'abbé de Pradt céda ensuite son diocèse de Malines pour dix mille francs de rente au roi des Pays-Bas, et composa dans la retraite sa *Statistique des libertés de l'Europe*. Un pareil travail n'exigerait certes pas de grandes recherches aujourd'hui.

Après le tombeau de l'abbé de Pradt, nous rencontrons du même côté une grande chapelle de style gothique, qu'on prendrait, à son air de délabrement, pour une construction fort ancienne, quoiqu'elle ait à peine trente années. Elle renferme la dépouille mortelle du *général* comte GREFFULH (424).

Près d'un tombeau surmonté d'une statue et d'un sarcophage de marbre, que nous rencontrons ensuite, se trouve une chapelle fort simple et sans inscription. Elle renferme les restes mutilés du *général* d'HAUT-POUL-SALETTE, qui fut coupé en deux par un boulet de canon, à Eylau, au moment où il allait être fait maréchal d'Empire.

Nous prenons ensuite le petit sentier qui se trouve

à gauche, après la sépulture *Thomas* DE COLMAR; il nous conduit au tombeau du *général* MONTSER-RAT (431), qui est voisin de la sépulture DES-TORS. Nous prenons ensuite à gauche le sentier de Sidney Smith, sur lequel nous voyons, à vingt pas environ, le tombeau de *Louis* PICARD, de l'Académie française, et de ses deux épouses, qui le précédèrent au même lieu.

Écrivain d'un style naturel et spirituel à la fois, PICARD excella dans ses ouvrages dramatiques à peindre les mœurs bourgeoises. Il a écrit aussi des romans qui abondent en scènes piquantes.

Nous laissons ensuite à droite la sépulture *Oudot*, assez remarquable comme architecture; puis nous trouvons à gauche, sur le sentier, le sarcophage en marbre blanc de l'*amiral* anglais SIDNEY SMITH (426). Ce monument repose sur une base de granit, et est orné d'un médaillon qui reproduit les traits de l'illustre défenseur de Saint-Jean d'Acre.

SIDNEY SMITH fut chargé, en 1793, par l'amiral Hood, d'incendier la flotte française à Toulon, et, malheureusement pour la France, s'acquitta trop bien de sa mission. Il fut fait prisonnier en 1795, et détenu au Temple, d'où il réussit à s'échapper en 1797. L'année suivante, il suivit de près l'armée française en Égypte, se jeta dans Saint-Jean-d'Acre, et dirigea la défense de cette place contre Napoléon, qui fut forcé de lever le siége. Il signa ensuite avec Kléber la fameuse convention pour l'évacuation de l'Égypte, qui ne fut pas ratifiée par l'Angleterre, et continua jusqu'à la paix à combattre contre la France.

Sur la face principale du monument, on lit des vers anglais, dont voici la traduction aussi littérale que possible :

> Paix au héros qui, sur les ruines de Saint-Jean-d'Acre,
> Rougies du sang des Turcs, déploya son invincible courage,
> Il arrêta un jour Napoléon dans ses conquêtes,

Et repose aujourd'hui dans la France guerrière,
Qui fut le berceau du grand homme.
L'Angleterre, qui est fière de ses triomphes,
A érigé un splendide monument à sa mémoire ;
Mais cette tombe lui a été élevée par les amis
Au milieu desquels il vivait, et chez qui il est mort.
Ici, en France, repose l'intrépide Sidney Smith de l'Angleterre !

Nous laissons ensuite à droite un monument à peu près semblable à celui de Sidney Smith, consacré à la mémoire du duc de FERNAN NUNEZ, ambassadeur d'Espagne à Paris ; puis nous voyons, du même côté, un beau monument en forme de rotonde, tout en marbre blanc et recouvert d'un dôme supporté par huit colonnes. C'est là que repose UR-QUIJO, un des grands hommes de l'Espagne (430).

URQUIJO eut la gloire, étant premier ministre de Charles IV, d'abolir l'inquisition en Espagne, et allait en affecter les biens à des fondations d'humanité lorsque les membres dispersés, mais encore puissants de cet ordre sinistre, le firent jeter dans un cachot. Exilé ensuite, puis rappelé par Charles IV, il chercha en vain à détourner les malheurs qu'attirait sur sa patrie l'impéritie de son roi. Il s'attacha ensuite à Joseph Bonaparte, dut s'exiler de nouveau à la rentrée de Ferdinand VII, qui le fit condamner à mort, et vint à Paris, où il consacra le reste de ses jours au soulagement de ses compatriotes exilés par l'ingratitude de la cour d'Espagne.

Au bout du petit sentier que nous prenons ici, à gauche, pour regagner l'avenue de l'Est se trouve le sarcophage du *comte* DE BRUGES (421).

Gentilhomme de naissance, et descendant de la célèbre famille des ducs de Chandos, le *comte* DE BRUGES émigra en 1792, et jusqu'à la rentrée des Bourbons, en 1815, ne se sépara pas un jour du comte d'Artois, depuis Charles X, dont il fut l'ami, le conseiller, et on peut dire le ministre ; car Louis XVIII et son frère, très opposés de vues, avaient chacun leurs partisans et leurs chargés d'affaires en France et dans les cours de l'Europe. Le comte de Bruges dirigeait la phalange la plus nombreuse, la plus chevaleresque et la moins sage.

Nous traversons ici l'avenue de l'Est pour prendre, en face, le sentier d'Adanson, qui, après quelques pas, descend vers la droite.

Voici d'abord, devant nous, le tombeau du *maréchal* PÉRIGNON (17). Des trophées militaires sont sculptés sur la partie supérieure de ce monument, qui est tout en marbre.

Lorsque Dugommier tomba la tête fracassée par un boulet, à la bataille de Saint-Sébastien, PÉRIGNON lui succéda dans le commandement en chef de l'armée des Pyrénées, acheva la déroute des Espagnols, tua onze de leurs généraux, parmi lesquels le général en chef *La Union,* et enleva ensuite *Figuières,* où il fit 10,000 prisonniers. Il gagna ensuite la bataille d'*Escola,* succéda à Jourdan dans le commandement en chef de l'armée d'Italie, et fut fait prisonnier à *Novi,* en 1799. Napoléon le nomma maréchal de France en 1804, et le relégua au sénat.

En 1814 le maréchal Pérignon se prononça un des premiers contre Napoléon, organisa avec le baron de Vitrolles la résistance contre lui pendant les Cents Jours, et mourut pair de France en 1819.

Les deux grandes pyramides que nous rencontrons ensuite sont consacrées à la mémoire du célèbre *Michel* ADANSON et d'une de ses parentes.

Après avoir dépassé la dernière de ces pyramides, nous apercevons sur la droite, à vingt pas environ du sentier, un obélisque en marbre blanc : c'est le tombeau du *marquis* DE LA VAUPALIÈRE, grand'croix de Saint-Louis, ancien gouverneur des provinces du Maine, du Perche et du comté de Laval. Le marquis de La Vaupalière avait commandé auparavant les fameux mousquetaires gris.

Sur le passage qui conduit à la pyramide de La Vaupalière nous laissons à gauche, à quatre pas du sentier, le tombeau de BELLART.

Avant la révolution de 1789, BELLART était regardé comme une des lumières du barreau de France. Il défendit Lacoste, ministre de Louis XVI, et le fit absoudre. Son courage dans ces circonstances terribles ne recula devant aucun danger. Plus tard il défendit Moreau. Alors il était encore indépendant; il devint ambitieux, et se riva à la fortune de Napoléon par toutes ses aspirations de pouvoir et de renommée. Il resta partisan du grand homme tant qu'il put en recevoir des faveurs, et passa naturellement du côté des Bourbons, quand la chute de Napoléon fut imminente. La politique des courtisans ressemble à leur ombre, elle tourne avec le soleil. Bellart publia alors contre son Dieu de la veille la fameuse proclamation du 1er avril 1814, qui arracha au lion mourant l'exclamation de Lafontaine. Proscrit pendant les Cents Jours, Bellart fut nommé député et procureur général au retour des Bourbons, soutint l'accusation contre l'infortuné maréchal Ney, lutta pendant six séances avec une ardeur digne d'une meilleure cause, et, après avoir obtenu la peine de mort, qui ne lui paraissait pas satisfaire à l'énormité du délit, il requit, au nom de l'honneur, la dégradation avant le supplice de l'homme que la France avait appelé le *Brave des braves.*

En continuant à descendre le sentier d'Adanson, nous voyons à droite la chapelle HOUPIN-MARIAGE (302), derrière laquelle se trouve le tombeau du *comte* VILLIERS DU TERRAGE, pair de France.

Quelques pas plus loin nous rencontrons, de l'autre côté, la chapelle VALLIN, qui renferme les cendres du jeune GUDIN, fils du célèbre peintre de marines et déjà connu par ses propres œuvres. Ce jeune artiste se noya à l'âge de vingt ans. Les vers suivants, gravés sous son nom, racontent la catastrophe dont il fut victime :

> Il marchait à grands pas au temple de Mémoire,
> Et cueillait en chemin la palme des talents.
> . . . .
> Un gouffre s'est ouvert ; sur son bord suspendu,
> Longtemps dans les bras de son frère,
> Du trépas il est défendu.
> Noble et touchant accord ! illusion trop chère,
> Les flots cruels ne l'ont rendu
> Que pour l'unir en cette terre
> A l'objet qu'il avait perdu.

Entrons à gauche dans l'îlot après avoir dépassé la sépulture Vallin, et dirigeons-nous de manière à passer devant la porte de la grande pyramide qui sert de sépulture à la famille CLARY : à six pas de cette pyramide vous voyons, derrière la sépulture *Muller* et *Soehnée*, un petit piédestal tout de travers sans ornement ni entourage : c'est le momument du célèbre JUNOT, *duc d'Abrantès*, ancien gouverneur de Paris, etc. (311).

JUNOT commença sa fortune en écrivant sous la dictée de Napoléon au siége de Toulon. Il n'avait pas besoin d'encre pour son papier, vu qu'il se servait d'un crayon : (d'ailleurs la montagne pelée jusqu'aux os où il se trouvait n'avait ni terre ni sable à lui offrir) mais il ne daigna pas tourner la tête au bruit d'un boulet qui venait de s'aplatir à quelques pieds de lui, ce qui est déjà quelque chose, et Napoléon, qui savait déjà juger les hommes, s'attacha Junot et l'éleva rapidement. Général des hussards et gouverneur de Paris en 1806, Junot fut placé, l'année suivante, à la tête de l'armée de Portugal, conquit ce royaume, et y reçut le titre d'une de ses victoires. Battu ensuite par le duc de Wellington à la bataille de *Vimiera*, il fut obligé de capituler, et reçut de l'empereur le gouvernement des provinces illyriennes. Il se tua en sautant par une fenêtre dans un accès de fièvre chaude. Ami des beaux-arts, il affecta tout ce qu'il possédait en peintures, et mourut pauvre. Son cœur repose au Panthéon.

A quatre pas du monument de Junot, on voit celui de la jeune comtesse de Turenne :

> Objet d'éternelles louanges,
> Objet d'éternelles douleurs,
> Elle apparut comme les anges,
> Elle passa comme les fleurs,

dit son épitaphe, à laquelle il serait téméraire d'ajouter quelque chose. Nous descendons d'ici dans le sentier de Junot par les degrés de pierre qui se trouvent en face du sarcophage de la comtesse de Turenne et à côté de la sépulture *Muller* et *Soehnée* (310) ; nous prenons ensuite à gauche le sentier de Junot, au bas duquel nous trouvons, à droite, le monument en marbre de DÉSAUGIERS (295).

Chansonnier plein de verve et d'originalité Désaugiers passait sans transition d'une chanson comique à un chant funèbre. Il a aussi enrichi le répertoire du Vaudeville d'une foule de pièces, dont quelques-unes sont toujours vues avec plaisir.

D'ici, nous descendons le sentier Désaugiers, sur la gauche duquel nous voyons, après quelques pas, le tombeau surmonté d'un buste de Mlle RAUCOURT (240).

Sophie RAUCOURT, célèbre actrice du Théâtre-Français, fut incarcérée en 1793. et faillit monter sur l'échafaud pour s'être prononcée avec trop de chaleur contre la révolution. A sa sortie de prison, elle forma une nouvelle troupe avec les debris de l'ancienne ; mais son théâtre, qui était le rendez-vous des royalistes, fut fermé par le Dir toire. Plus tard, elle fut directrice des théâtres français en Italie, et revint mourir à Paris, en 1815. Le refus que fit le curé de Saint-Roch de recevoir son cercueil à l'église causa un prodigieux scandale, qui faillit dégénérer en émeute. Mais le prêtre devait-il, par égard pour ceux qui ne croient à rien, scandaliser ceux qui croient à quelque chose? Si l'on peut forcer un prêtre à prier pour ceux qui n'ont pas voulu de la religion à leur dernière heure, on pourra le forcer avec autant de raison à prier pour un protestant ou un juif, et ce n'est pas ainsi que doit être entendue la liberté des cultes. Vivez à votre guise; mais ne prétendez pas obliger ceux dont vous n'avez pas pratiqué la religion à vous traiter comme l'un de leurs. Et ces gens qui criaient au scandale parceque le clergé refusait ses prières à Mlle Raucourt trouvaient tout simple qu'elle les eût repoussées avant de mourir !

Nous trouvons ensuite du même côté un rocher factice entouré de lierre à sa base et surmonté d'une croix : c'est la sépulture du *comte* de SAULX-TAVANNES et de sa famille. La croix qu'on dirait de bois, tant l'imitation est parfaite, est en marbre comme le reste du monument. Derrière ce chef-d'œuvre de goût, on voit la sépulture fort simple du *peintre* ISABEY et de sa famille (239).

Nous montons ensuite le sentier de Palissot, à droite duquel nous voyons d'abord la pyramide *Léro* (294). A l'extrémité de ce sentier nous laissons à gauche une autre pyramide érigée à la mémoire de Mme *Milhau*, épouse d'un ministre des Etats-Unis; puis nous prenons à droite l'avenue de Montlouis.

Le premier monument que nous rencontrons en montant cette avenue, à dix pas environ et à droite, est celui du *vicomte* DUBOUCHAGE, lieutenant-général, pair de France, etc. (296).

Ministre de Louis XVI, en 1792, le *vicomte* DUBOUCHAGE fut d'avis que son maître se défendît vigoureusement le 10 août. Il accompagna le même jour la reine à la Convention, et ne l'abandonna que lorsque les portes du Temple se refermèrent sur elle. Sous la première Restauration il fut ministre de la marine.

Un peu plus loin nous trouvons, à dix pas de l'avenue sur la droite, l'humble monument du *baron* PALISSOT DE BEAUVAIS, l'un des plus célèbres naturalistes de ce siècle.

Sur la même ligne que Palissot et à quelques pas de lui, on trouve le monument assez remarquable du *général* comte DE SAINT-MORYS, lieutenant des gardes-du-corps de Louis XVIII (298).

Ce général fut tué en duel, à l'âge de 45 ans, par le colonel Dufay.

Entre les deux précédents monuments on voit une colonne en marbre blanc, élevée à la célèbre *comtesse* VIEN, belle-fille du célèbre peintre d'histoire, dont les cendres sont déposées au Panthéon. La comtesse Vien joignit le plus profond savoir à la plus rare beauté et à la plus touchante bonté. Elle traduisit *Anacréon*, et fut membre d'une infinité d'académies.

Plus loin nous trouvons (de l'autre côté de la chapelle *Cercou*) l'humble monument du *comte* DE PUYSÉGUR, lieutenant-général et capitaine des gardes du comte d'Artois (299).

A quelques pas d'ici nous laissons à droite le sentier de Genlis, et à gauche celui de Montval. A l'angle de ce dernier s'élève le monument de *Marc* SCHOELCHER, fabricant de porcelaine, père de l'ex-représentant Victor Schœlcher. Artisan de sa fortune, *Marc* SCHOELCHER est représenté sur son monument sous le double aspect d'un ouvrier qui travaille et d'un fabricant qui étudie quand il n'a plus besoin de travailler (222).

Plus rien ensuite dans cette avenue, qui forme dans l'été un long berceau de verdure impénétrable aux rayons du soleil. Parvenus à son extrémité, nous voyons en face de nous sur l'avenue de l'Est le mausolée du *banquier* AGUADO. Ce monument est un des plus remarquables du cimetière sous le rapport de l'art et de la richesse (415).

Derrière le monument d'Aguado on trouve celui en marbre blanc du *statuaire* BOSIO.

La vie semble respirer sous le marbre dans les morceaux qui nous restent de ce grand artiste, dont les Grâces paraissent avoir dirigé la main et enflammé le génie. Ses principaux chefs-d'œuvre sont la statue équestre de la place des Victoires, les belles statues en marbre blanc de la chapelle expiatoire de Louis XVI et l'*Androgyne* qui se trouve au musée du Louvre.

En face du monument d'Aguado nous voyons celui du *général* ROGNIAT et de son épouse, fille du maréchal Pérignon (228).

Le *général* ROGNIAT servit d'une manière brillante sous l'empire, et présida au retour des Bourbons, en 1815, le conseil de guerre qui condamna à mort, à l'unanimité, son collègue et ancien ami le géné-Brayer.

Près du monument de Rogniat on voit celui du *marquis* D'ARGENTEUIL, fondateur de prix pour la médecine, l'industrie, d'asiles pour la vieillesse, etc. (227).

Vis-à-vis du tombeau d'Argenteuil on remarque, derrière la sépulture *Vittoz*, le petit monument du *marquis* de SAN-THOMASO, ancien ministre de Sardaigne (414).

Nous laissons ensuite à gauche l'avenue d'Aunay, la belle sépulture de la famille Tencé, celle de la famille Daoust, et nous trouvons ensuite, à droite (après la sépulture *Darthès* et *Ledru-Rollin*), le tombeau de Mlle SERVAIS, de Liége, jeune peintre de fleurs déjà connue par ses gracieuses compositions (407).

En face du tombeau de Mlle Servais se trouve celui de *François* PARÉ, ancien ministre de l'intérieur, etc.

François PARÉ, descendant du fameux médecin de Charles IX, était secrétaire de Danton, en 1792, et devint ministre de l'intérieur en remplacement de Garat. Dénoncé et poursuivi par Hébert, Chaumette et compagnie, il défendit sa tête avec quelque succès d'abord, et s'en alla quand la tâche lui parut trop difficile. Il devint administrateur du département de la Seine sous le Directoire, et se retira ensuite de la vie politique.

Au bout de l'avenue que nous suivons se trouve à droite la tombe de *l'amiral* LALANDE (406).

Nous voyons ici en face de nous une grande pyramide précédée d'un double escalier de pierre et ornée de bas-reliefs assez remarquables (209). C'est le tombeau d'*Émilie* DIAS SANTOS, fille de la célèbre duchesse de Duras qui fut l'amie et l'oracle de Chateaubriant. La duchesse de Duras s'est réservé une place près de son enfant dans cette sépulture.

Derrière la pyramide Dias Santos, on en voit une autre bien plus élevée, assez semblable à un phare et couronnée d'un amortissement assez baroque en bronze doré. Une inscription en caractères proportionnés au monument indique qu'il sert de sépulture au sieur *Félix* DE BEAUJOUR.

Nous descendons ensuite le sentier de Balzac, qui passe au pied de la pyramide Dias-Santos, et après quelques pas nous voyons à gauche une colonne brisée, en marbre blanc, reposant sur un piédestal de granit. C'est le tombeau de BORY DE SAINT-VINCENT, géographe, naturaliste et voyageur célèbre. (216).

Ami du général Moreau, et pour cette raison suspect à Bonaparte, BORY DE SAINT-VINCENT fut soigneusement éloigné sous l'Empire des positions que son génie le rendait propre à occuper; mais, patriote avant tout, il soutint à la chambre de 1815 la possibilité de défendre Paris contre les étrangers, et se prononça contre la rentrée des Bourbons. A la seconde restauration, il fut exilé comme ennemi de la patrie, qu'il avait voulu sauver ! Quand les gouvernements changent, les légistes de la fortune transforment en lois les décrets du sort, et alors le crime et la vertu changent de nom.

Bory de Saint-Vincent s'est illustré par ses immenses travaux en géographie et ses voyages scientifiques ; il a publié en Belgique les *Annales scientifiques,* un des ouvrages qui honorent le plus l'esprit humain.

Un peu plus bas, nous rencontrons le monument de *Charles* NODIER, philologue et romancier célèbre (213).

A peine âgé de dix-sept ans, NODIER écrivit une ode qui respirait trop haut pour la liberté du temps. C'était sous le Consulat : Napoléon, qui s'essayait à comprimer sous son pied les battements du cœur de la France, et qui haïssait la pensée, parcequ'elle est la liberté de l'âme, fit bâillonner par sa police cette voix dont l'accent mâle pouvait faire vibrer les cordes graves du cœur humain. Malgré cette oppression, les autres écrits que Nodier publia à la même époque laissent transpirer les flammes du cœur, les enthousiasmes de l'esprit, les aspirations de la liberté et la haine de l'abrutissement.

Sur le même point nous trouvons, à droite, entre les sépultures *Travers* et *Bazin*, la modeste pierre qui recouvre les restes de BALZAC (207).

Honoré DE BALZAC fut l'un des plus profonds penseurs du xix.ᵉ siècle et des plus féconds romanciers de tous les pays et de tous les âges. Conteur agréable, écrivain plein d'élégance et d'une éternelle verdeur, ses ouvrages trouveront toujours des lecteurs, parcequ'ils intéressent par une grande variété d'idées, aussi piquantes de naturel que profondes de philosophie.

Ensuite nous rencontrons à gauche le monument de *Casimir* DELAVIGNE (211).

Ce grand poète, l'un des plus beaux fleurons de la couronne littéraire de la France, était de ces hommes qui portent leur royauté en eux, et n'ont de génie que la plume à la main. Il fut le premier poète dramatique de son époque, et semblait en demander pardon à tout le monde. Il ne séduisait pas, surtout au premier abord. Sa tête était remplie d'idées, mais son discours était sobre de mots, et ne flattait jamais l'oreille ; l'harmonie était ailleurs que dans l'expression ! La vie de ces hommes de génie n'est qu'une suite de leurres et de dégoûts. Ils se forgent une félicité surhumaine que chaque jour déçoit ou renverse ; ils voient par delà les cieux, et sont cloués à la terre ; ils rêvent des anges, et ne rencontrent que... des déceptions. Qui ne se rappelle la mélodie de cette douce ballade que Casimir de Delavigne ne jugea pas digne de figurer dans ses œuvres ?

> La brigantine,
> Qui va tourner,

Roule et s'incline,
Pour m'entraîner.
O Vierge Marie !
Pour moi priez Dieu !
Adieu, Patrie !
Provence, adieu !

Dans *les Messéniennes*, ces élégies tristes et vengeresses, le poète patriote pleura les hontes de la patrie et les spoliations de *nos alliés*.

Nous laissons ici à gauche, deux sentiers qui n'offrent rien de remarquable ; puis nous nous arrêtons un moment pour contempler une dernière fois la prestigieuse figure de la grande cité, où se levait autrefois pour le monde le soleil du génie et de la liberté : ces dômes gibbeux, ces flèches élancées, ces maisons serrées comme les alvéoles d'une ruche, ce fleuve qui marche lentement, semblable à un serpent qui déroule ses anneaux argentés, c'est Paris ! aux deux points opposés de la Babylone moderne deux colonnes de bronze, élevées tour à tour par le génie du despotisme et celui de la liberté, se regardent comme deux rivales, emblèmes de deux principes destinés à lutter longtemps.

De cet immense amphithéâtre, où grouille une fourmilière humaine, abaissons nos regards sur la partie du cimetière qui se trouve à nos pieds. Là, devant nous, sont les fosses communes, où les ornements de la sculpture sont remplacés par de modestes croix et des bâtons garnis de quelques couronnes. On parle de l'égalité dans la mort ; elle n'est décidément que dans les cieux !

Nous continuons, en laissant à gauche la chapelle Prousteau de Montlouis (196) ; puis nous rencontrons à droite celle du *maréchal* DODE DE LA BRUNERIE, défenseur de Glogau en 1812 et auteur des fortifications de Paris (26).

En suivant nous rencontrons, à gauche, le monument en marbre du *statuaire* CARTELIER, auteur des belles sculptures de l'Arc du Carrousel et du bas-relief représentant *la Gloire distribuant des couronnes*, placé au dessus de la porte du Louvre, côté de la colonnade (193).

Près du monument de Cartelier se trouve l'obélisque du *comte* DESÈZE, défenseur du roi Louis XVI (194).

Né en 1750, et conseiller au parlement de Bordeaux avant la révolution, *Raymond* DESÈZE vint à Paris après le renversement de la royauté, et accepta avec enthousiasme la mission dangereuse de défendre Louis XVI. Le captif du Temple le récompensa en lui donnant tout ce qu'il pouvait donner : un serrement contre son cœur, et Desèze se sentit payé par ce geste de reconnaissance. Il fut emprisonné sous la terreur, et refusa les emplois qui lui furent offerts sous le Consulat et l'Empire. Louis XVIII acquitta une dette d'honneur en le nommant pair de France et premier président de la cour de cassation ; il le créa aussi comte, et lui donna pour armoiries une *tour* sur champ parsemé de fleurs de lis et d'étoiles.

A trente pas environ derrière la pyramide Desèze, se trouve le sarcophage en marbre blanc du *général* anglais *Joseph* DOYLE (195).

Ami et conseiller intime du prince de Galles, depuis Georges IV, le *général* DOYLE devint ministre de la guerre de la Grande-Bretagne, en 1795, et contribua, avec Pitt, à activer la guerre contre la France. Il fut militaire consommé autant que profond politique et orateur distingué.

Nous rencontrons ensuite à droite l'avenue d'Aunay, que nous descendons en laissant à gauche la chapelle du Cimetière, qui n'offre absolument rien de remarquable. Après quelques pas nous trouvons sur cette avenue le monument du peintre DAVID (25).

Le génie ardent de DAVID le lança dans le tourbillon de la révolution ; il devint ami de Robespierre, qu'il comparait à Phocion, vota la mort de Louis XVI et prononça l'oraison funèbre de Marat. En 1794 il avait offert à la Convention son magnifique tableau du *Jeu Paume*. Sous le Consulat il devint peintre de Napoléon, et fit ensuite le tableau du sacre. On trouve dans ses œuvres la beauté surnaturelle de la statuaire antique. Il forma *Gérard, Girodet* et *Gros*.

Près de l'escalier que nous rencontrons ensuite, se trouve la chapelle du *général* NEIGRE (24). Cette sépulture est ornée extérieurement de canons de pierre en guise de colonnes et d'une guirlande de boulets. Le général gagna tous ses grades sous l'Empire, et présida en 1816 le conseil qui *jugea* le général Drouet.

Nous trouvons plus bas, à droite, la chapelle du *maréchal* GROUCHY, à qui la France est redevable du désastre de Waterloo (22).

Le tombeau de ROEDERER se trouve en face de la sépulture Grouchy.

Ancien conseiller de parlement et député aux états généraux de 1789, ROEDERER provoqua l'abolition des Ordres religieux. En 1792, le

10 août, étant procureur syndic de la commune de Paris, il engagea Louis XVI à se rendre à l'Assemblée. Il concourut avec Talleyrand au coup d'état de Napoléon contre la représentation nationale, et plaida inutilement en faveur des cinquante-neuf députés qui furent condamnés à la déportation pour s'être opposés à cet acte de violence. Il devint ensuite ministre des finances du roi Joseph.

A quelques pas du tombeau de Rœderer nous voyons, du même côté, derrière le monument du *marquis de Lafare*, la petite chapelle du *général* SCHNEIDER, ancien ministre de la guerre, député et grand'croix de cinq ou six ordres.

Nous prenons ensuite la première grande allée que nous rencontrons à gauche, puis nous tournons à droite quand nous sommes devant l'entrée principale. En descendant la belle allée de cyprès par laquelle nous avons commencé notre itinéraire, nous rencontrons à droite une pyramide en pierre marbrée supportée par quatre tortues de bronze et surmontée d'un œuf (5). Sur les différentes faces de ce monument sont représentés : un soleil, un hibou, un taureau, un chien, etc. Tous ces emblèmes étaient accompagnés de maximes dont il ne reste plus que la trace. Le savant original qui les avait fait graver pour lui servir d'épitaphe a dû regretter le scandale qu'elles causaient. Quel avantage à persuader à l'homme que le hasard préside à ses destinées et que son âme n'est qu'un souffle qui s'éteint aux portes du tombeau ? pourquoi enlever au malheureux le bâton qui l'aide à marcher dans la vie ?

Une semblable lumière, si jamais elle éclairait le monde, ne servirait, comme celle des enfers de Milton, qu'à rendre les ténèbres visibles.

Derrière la loge du portier on trouve, à quelques pas, une très petite pyramide ornée d'une inscription en l'honneur de *messire Arnaud, marquis de Bailleul, ancien président de Normandie* et *grand bailli à espée du pays de Caux.*

TABLE.

—

A.

B.

C.

D.

E.

F.

G.

V.

W.

FIN.

IMPRIMERIE DE POUSSIELGUE, MASSON ET COMPAGNIE,
Rue Croix-des-Petits-Champs, 29.